危機のいま古典をよむ

與那覇 潤

而立書房

アートディレクション　前田晃伸
デザイン　黒木　晃
カバーアート　濱田泰彰
（撮影：村田冬実）

その頃読んだ本の中では、当時出はじめたばかりの岩波文庫本が一ばん多かったように思う。私はあの鶯《うぐいす》色の装幀をした小型判を懐《ふとこ》ろに入れては自分を慰《なぐさ》めていた。普通に考えると幼稚かもしれないが、案外、そのような小さなことが自分の絶望を救うものである。

――松本清張「実感的人生論」

危機のいま古典をよむ　目次

・本書は主に書物をめぐる著者のエセー、および重なる時期の対談を編纂したものです。収録に際し若干の加筆修正を行いました。稿の初出は各エセー、対談の末尾に記載しました。
・書中で言及される書籍の出版社名については、現在入手しやすいものを記載しました。定番につきあまりに多数の版が存在するものについては、記載を省略しました。
・本文中の〔 〕は単行本化に際して、初出時以降の変化等を踏まえ新たに補った記述を示すものです。なお「首相」等の肩書きは、原則として初出時のままとしました。

序 「専門家」にさよならを ――中井久夫『分裂病と人類』ほか

1 検索という病

反転を感じとるには歴史が必要である。

たとえば二〇二〇年以降の新型コロナウィルス禍《か》や二二年に勃発《ぼっぱつ》したウクライナ戦争は、世界市場の一体化へと向かってきた人類の歩みを「反転」させたのだろうか？ そうした命題の当否を論ずるにはまず、そもそも一九八九年の冷戦終焉以降にグローバリズムとデモクラティック・ピース（民主主義国の増加による平和）が手を携《たずさ》えて進展したという「歴史」を、覚えていなくてはならない。

あたりまえと思われるだろうが、しかしこうした「言わずもがな」も逐一《ちくいち》確認しなければ、消え去ってしまう。だいぶ前から、そんな状況がこの国では続いている。

過去の積み重ねの上に現在があるとするのが、歴史の感覚である。だから歴史を生きる人は過去を振り返るとき、特定の一時点だけを採り上げて「つまみ食い」はしない。その時点から現在へとつながる一連の流れ――歴史の「文脈」の全体を把握した上で、そうした一本の線の上にある個々の事象の意味ははじめて明らかになる、と考える。

ところがそうした態度は、すっかり死んでしまった。

目下主流の過去に向きあう手法は、歴史ではなく「検索」である。検索によって過去を扱う人にとっては、往時ではなく現在こそが先にある。もっぱら「いま」の興味関心に沿ってキーワードを検索窓に入力し、表示される結果のうち自分を満足させるリンクだけを踏み続ける。その先に再構成されて浮かび上がる過去の姿は、実は「現在」の自身の状態の映《うつ》し絵であって歴史ではないのだが、多くの人はそれに気づかない。

一例として、新型コロナ禍の初期に「スペインかぜの教訓が役立つ」と称する語りが流行したのは、単に「パンデミック」で検索すると真っ先に表示される挿話だったからに過ぎない。スペインかぜとは一九一八～二〇年に流行した新型インフルエンザで、大正期の日本で約四〇万人、全世界で数千万～一億人の命を奪ったが、当時と現在とでは①抗生物質の有無、②上下水道の普及、③公的医療保険の整備、④絶対的貧困層の多寡《たか》がまるで異なる。

しかしこれらの課題が百年の歩みをかけて、いかに解消されてきたかという過去の積み重ねとしての歴史を忘れてしまえば、二一世紀にも同規模の災厄《さいやく》がそのまま再現されるかのような錯覚に陥《おちい》りパニックを招く。そしてこの国の「歴史学者」は、そうした風潮をたしなめるどころか率先して煽《あお》り、いまも反省の色は特にみられない。[*1]

過去への接し方が「歴史から検索へ」と変容したことにともなうバグは、社会的な課題の位置づけに関わる「大きな物語」に限らない。二〇一〇年代を通じたSNSの定着は、日常での人間関係をめぐる「小さな物語」の舞台においても、同種のエラーを続発させている。

もし対面の場で、あるいはオンラインで、ある人がその見識や評判に照らして意外に思われる「不適切」な発言をしたとしよう。こうした時、いったいなぜそんな言葉が彼/彼女の口をついて出たのか、相手の過去の歩みを丁寧にたどり、発言自体には同意できずともその背景を理解する。これが、人びとが「歴史」を生きた時代の社交のあり方だった。

しかし「検索」の時代のSNSは違う。なんらかの「失言」が飛び出すや否や、当初はその場に居合わせすらしなかった者たちが殺到して、過去の発言履歴を検索し、元の発話の文脈に関係なく「いま」類似して見える結果ばかりを抽出する(いわゆる炎上)。そうしてコイツは悪人だといった「現在」の評価だけを固定し、アカウントのバン(停止)や社会的なキャンセルを通じて、今度は過去の探求を封鎖する。[*2]

二〇〇一年に東浩紀《あずま》氏が、私たちが世界をモデル化する様式が「物語からデータベースへ」移行しつつあると指摘したとき、主に参照された体験はサブカルチャーの作劇と消費だった。[*3]しかしあらゆる過去が「検索対象」に過ぎなくなり、「いま」だけが残り続けて歴史が消えるあり方は、アニメやゲームの虚構から飛び出してすっかり現実の生を呑《の》み込んだように見える。そうした転換が、二〇二〇年代の基層を形作っている。

2　徴候をめぐる病

あたかもパンデミックのように世界に拡散したGAFAのテクノロジーの下で、私たちはみな「検索という病」に感染し、過去は歴史ではない形へと変異を遂げた。それはこれからの人類に、いかなる反転をもたらすだろうか。

二〇二二年の八月に亡くなった中井久夫は主著『分裂病と人類』等の業績で、統合失調症（同書刊行時の名称は精神分裂病）の存在を人類史に位置づけることを試みた。その思考のエッセンスを、鷲田《わしだ》清一氏は美しい追悼文でこう描出する。

人の経験は「かすかな予感とただよう余韻《よいん》とりんとした現前との、息づまるような交錯」としてあると、中井はいう。その「かすかな予感」の手がかりとなるものを中井は「徴候」とよび、「ただよう余韻」のなかで現象の脈絡をかたちづくってゆくものを「索引」

とよぶ。「徴候」とともに未来先取り的に蠢《うごめ》きだすのが認知の微分回路であり、過去の体験を「索引」として参照しつつ判断するのが積分回路である。[*4]

中井に従えば、統合失調症寄りの気質を持つ人は「認知の微分回路」が極度に強く、いま目の前にある事象を未来の予兆（徴候）として把握する。そして、「系統発生的には、おそらく積分回路的認知よりも微分回路的認知のほうが古いだろう。たとえば、運動するものしか認知しないカエルの視覚を考えてみればよい」。[*5]

カエルの眼球は、いま、新たに生じた変化だけに着目し、「餌《えさ》が飛んでくる」「敵が襲ってくる」といった未来を予感して即座に反応する（舌を出して捕まえるか、池に飛び込んで逃げる）。こうした現在を徴候として把握する知覚は、人類もまた他の動物と同じく捕食（狩猟採集）によって生活した時代には貴《たっと》ばれる才能であり、病気として否定的に扱われるものではなかったと中井は主張した。

しかし定住農耕が始まると、むしろ現在を過去から毎年繰り返してきた営みの所産と捉え、索引を手繰《たぐ》るように往時の体験を思い返す知覚（積分回路。うつ体験と関わる）の方が優位となる。「強迫的な農耕社会の成立とともに、人間は自然の一部から自然に対立する者となったとは複数の人々の指摘するところだが、私はそれと同時に分裂病者が倫理的少数者となったと言いたい」。[*6] こうして豊かな微分回路を持つ統合失調者たちは、病者として貶《おとし》められるか、そうでなければ前近代の宗教者や近代の科学者のような、未来の予言者として振る舞いうる例外的な生を選ばざるを得なくなった。

対していま人類に起きている反転とは、積分回路ではなく微分回路の方で過去にアクセスするような、新たな認知様式の一般化だろう。書物の本編を読み終えた後に附《ふ》される「索引」ではなく、絶えずデフォルトの画面に表示される「検索」の習慣化は、その原因であり結果でもある。

二〇二〇年のトランプ落選や、二二年のウクライナ戦争開戦の後に起きたことを思い出そう。まず眼前で、いま、事件が起きる。すると私たち（の何人か）は検索窓に殺到し、「中国が投票集計機に細工した」「米国がウクライナ政府にロシアを挑発させた」といった闇の事象の徴候らしきものをかき集める。今日の陰謀論は未来の予見以上に、過去を説明し「納得」するために用いられる点に特色がある。

統合失調症を患《わずら》う人は現在がすべて未来の予兆に見えるがゆえに、「みんなが自分を襲おうと狙っている」といった妄想に苦しめられる。しかし索引ならぬ検索が人間の認知の基礎をなすいま広まっているのは、瞬間的な情動に即して過去を再構成する営みが私たちの脳裏に沁《し》みとおった結果生じた、いわば「後ろ向きの統合失調症」だともいえよう。

3　因果の病とつきあう

この新たな時代の病は、いかに癒《いや》しうるのだろうか。そこにこそ、いま私たちの前に懸《か》けられている反転がある。

思えば私たちはふしぎな世界に住んでいる。何が起ころうと、「これは何かあるのではないか」と、かならずいったんは疑いの目を向ける、そういう世界に住んでいる。因果的認識といおうか。しかし、仏教的因果ではない。[*7]

戦後の高度経済成長がピークアウトしつつあった一九七一年、多田道太郎は松本清張の『黒い画集』に寄せた解説にこう記している。合理性を貫徹しようとする近代社会は、これといった原因がなくただ結果だけが現われるといった偶然性を嫌う。だからそうした時代には、書中で生じる事件のすべてが（世俗の次元での）因果関係に基づいて解き明かされる、頭でっかちな探偵小説が大衆の娯楽たり得る。

しかし、それは人間の進歩であろうかと多田は問い、意外にも滝沢馬琴の『南総里見八犬伝』を引用する。『八犬伝』では犬の八房《やつふさ》が人間の伏姫《ふせひめ》の死を介して、実質的な八犬士の生みの親となる経緯が「その故《ゆえ》なくはあるべからず」——八房という名を分解すると、一つの尸《かばね》（屍）が八方に散るとなるがゆえに、実は必然だったと講釈される。むろん近代人にとってはなんの根拠にもならぬこじつけだが、しかし作中で起こるすべてにゆえんの説明を求めてやまない点では、馬琴を読んだ「昔の人が神仏を信じていたかわりに、［清張を読む際の］私たちが犯罪、ないし犯罪の影を信じているにすぎない」。

清張のミステリーでは誰がいかに殺したかという意味での因果関係が解かれても、逆に偶然が人の運命を左右する不条理の味わいこそが余韻として残ることを、多田は高く評価する。言われてみれば、たとえば「盛者《じょうしゃ》必衰の理《ことわり》」といった仏教的な因果観を今日の米国人も信じていれば、トランプ落選の失望をわざわざ陰謀論で埋め合わせようとはすまい。

『黒い画集』の劈頭《へきとう》を飾る短編「遭難」（初出一九五八年）が描くのはプロバビリティの犯罪で、確実に殺せるとは限らないが「事故死に至る蓋然《がいぜん》性の高い」罠を仕掛ける犯人を描いている（事件後も「こんなことになるとは思わなかった」と言い逃れられるため、完全犯罪を策しやすい）。しかしいま検索という病、ないし過去を向いた統合失調症を患う私たちの前にあるのは、リスクゆえに生じる凶事《まがごと》すべてにそうした「犯罪の影」——推理小説的な因果観ばかりがちらついて、偶然を偶然のままに受けとめて生きることがかえって困難になるような視界だ。

近代科学の因果観は、厳格に時間的な前後関係と物理的な影響関係とに範囲を限定することで、飛躍的なテクノロジーの発展を可能にした反面、人間が欲する多くのものを切り捨てた。

たとえ、いつどこで誰からうつされたかを一〇〇パーセントの確度で示す技術があったところで（病因論）、「どうしてよりにもよって入試の直前に！」といった個人を襲う理不尽（災因論）について、接触追跡アプリは何も語れない。*8 そこに、宗教が近代でも消滅しなかった理由がある。

そして二〇年からの長いコロナ禍を抜けようとするいま、近代には明確に区別された二つの因果論は、再びその境界を曖昧《あいまい》にしつつある。

教条的に反ワクチンに固執する集団はカルトと呼んで差し支えないが、急造されたコロナワクチンに「副作用はない」「打ち続けることで救われる」といった主張もまた、人が危機の中ですがりつく代替宗教にすぎなかったことが露《あら》わになり始めた。ワクチンの追加接種率の向上と相関して（コロナ以外の死因による）超過死亡がむしろ増大する現象が日本を含む諸国で観察され、ニュージーランドでは学術的な検証も始まっているという。*9

接種は基礎的な免疫にマイナスではなかったかと問う「合理的な疑い」が広まってしまった以上、コロナワクチンへの信頼はもはや社会の全体が合意するものではなく、遠からず一人ひとりの「信仰」に等しいものへと凋落《ちょうらく》しよう。二二年の後半に世相を席巻した「誰の目にも明白に異様なカルト」（旧統一協会）へのバッシングは、いまや自らの特権性を失いつつある事態に怯《おび》えた近代科学の信奉者たちの、最後のあがきのようにすら映る。*10

世界の反ワクチン運動を医療人類学の手法で考察したH・J・ラーソンは、自らは熱心なワクチンの推奨者でありつつも、接種反対者たちにとって「ワクチンは「真の」問題ではなかった。これは、自己決定、尊厳、そして［欧米企業や行政エリートに対する］不信感の問題だった」事実を見出し、彼らの自尊心を否定するのではなく、共感ある対話によって問題を解決すべきことを説く。彼女の言によれば、「三〇〇年前、科学は、宗教的教養からの解放として歓迎された」が、「今日、科学は新しい教義になっている」*11。

換言すれば、今後求められるのは迷信やデマを罵倒して科学を振りかざす「異端審問」ではなく、誰もがそれぞれに固有の偏りを抱きながら生きることを認めあう「宗教的寛容」のモデルなのだ。あらゆる学問はこれから、近代に獲得したその不相応に高い地位の階梯《かいてい》を一歩ずつ、個人の信仰や思い入れに等しい位置に至るまで下りてゆくことになる。

そのとき、足を滑《すべ》らさないことが肝心である。もしくは自棄《やけ》を起こして飛び降りてしまうことなく、最後まで着実に下りきることが重要である。

かつて宗主国が植民地を手放していったプロセスのように、喪失に耐えながら、近代に手にした「不当利得」を少しずつ清算すること。そうした老熟の感覚こそが、検索結果の一覧リストが構成する妄想を和《やわ》らげて、私たちにいま歴史を感受する最後の手段として残されている。

＊1　拙著『歴史なき時代に　私たちが失ったもの 取り戻すもの』朝日新書、二〇二一年、五六頁以下を参照。

＊2　佐藤優・與那覇潤「何もかもが見えすぎる社会は人を幸せにしない」『週刊新潮』二〇二二年一〇月二〇日号（佐藤優の頂上対決・第一三九回）、九八頁。同月二五日付でオンラインの「デイリー新潮」にも転載。

＊3　東浩紀『動物化するポストモダン　オタクから見た日本社会』講談社現代新書、二〇〇一年、七一〜八三頁。

＊4　鷲田清一「生きてあることの地肌へ　中井久夫、そして三宅一生」『群像』二〇二二年一〇月号、二〇五頁。

＊5　中井久夫『新版　分裂病と人類』東京大学出版会、二〇一三年（初版一九八二年）、九頁。

＊6　同書、二五頁。

＊7　多田道太郎「解説」『松本清張全集4　黒い画集』文藝春秋、一九七一年、四八六頁。なお、同年初版の新潮文庫版の解説も多田が担当しているが、両者は別の文章である。

＊8　拙著『過剰可視化社会　「見えすぎる」時代をどう生きるか』PHP新書、二〇二二年、二一〇頁以下。

＊9　小島勢二「国立感染研は超過死亡の原因についての見解を改めて示すべきだ」アゴラ、二〇二二年一〇月四日。著者の小島氏は名古屋大学名誉教授・医師。

＊10　與那覇潤・開沼博「「対面」で紡いだ言葉が社会の閉塞感を打ち破る」『潮』二〇二二年十一月号、五六頁。

＊11　ハイジ・J・ラーソン『ワクチンの噂　どう広まり、なぜいつまでも消えないのか』小田嶋由美子訳、みすず書房、二〇二一年（原著二〇二〇年）、五五・一七七頁。

（表現者クライテリオン　二〇二三年一月号　特集〈「反転」の年　2022—2023〉）

第一部　疫病と戦火の時代に

旧約聖書「ヨブ記」

1

とてつもない理不尽が社会を覆《おお》っている。

二〇二〇年の三月から全世界的なものとなった新型コロナウィルス禍は、一年以上経ったいまも混乱の収拾に至っていない。当初の被害は甚大だったものの、ワクチンの普及により収束傾向が鮮明になっているイギリスのような国もあれば、長く影響軽微だったにもかかわらず、二一年三月に最大級の感染爆発を起こしたインドの例もある。

こうした情勢下では、どこかひとつの国を採り上げて「必ずこうなる」「このやり方に倣《なら》え」と論じる発想は、有害無益でありまったく意味がない。虚心坦懐に、表面的な類似ではなく各国の実績の背景にある構造的な相違に目を向け、自らの知性を働かせて自国の問題を解いてゆくより他はないのだが、そうした実践を目にすることはずっと稀《まれ》だった。

自然免疫や訓練免疫の違いを無視して「欧米で大被害が出たなら、日本も必ずそうなる」と誇大に危機を煽ったかと思うや、続いては地勢や人口の条件がまるで異なる小国を引き合いに出して「理想は台湾でありニュージーランドだ。同じ政策を採れ」と主張する。そうした次元の低い議論の果てに、いまや人文学的な知の信用自体が失墜したといってよい状態だ。[*1]

否、人文学だけではない。信頼性の喪失は、自然科学にも及ぶ。

二〇二一年一月からの二度目の緊急事態宣言は、内容が飲食店の時短営業にほぼ絞られたが、それを正当化する根拠は何も示されず「憶測」のみであった。[*2] 同年四月からの三度目の宣言では、突如対象が百貨店の休業などにまで拡大されて国民を驚かせたが、政府自身が当初から「エビデンスはない」と認める次第となっている。[*3]

ここで起きている事態の本質を、私は二〇二〇年の年末に「数字による、意味の虐殺」[*4]と表現した。たとえば仮に、ある人がコロナ対策としての自粛や休業の要請によって、その職を失ったとしよう。

このときもし、それはつらいことだけれども何がしかの意味がある犠牲であったと、そのように本人が自分を納得させられるなら、それは苦境を乗り切るうえで貴重な糧《かて》となるだろう。国民に負担を強いる政策判断に、エビデンスの提示が求められるのは、単なる自然科学の研究マナーに沿ったものではない。人間がパンのみでなく、意味をも食べて生きる存在であるからこそ、人を導く役割に立つ者は、意味への配慮をけっして欠かしてはならない。

それがどうだろうか。政府高官やそれを支える科学者が、目下の対策には根拠がないと公言する――「感染の抑止に際して、意味があるかはわからないけど、とりあえず犠牲になってください」といった態度を示して恥じない状態だ。その代償になにが得られているのかといえば、たかだか「新規の陽性者が何人になりました」といった程度の、いまや多くの人が日々のニュースで聞き流す数字に過ぎない。

むろん、政府の施策を批判する識者も多い。しかし、彼らのほとんどが唱えるのもまた、強硬派なら「ロックダウン（都市封鎖）してもっと陽性者数を下げろ」、穏健派でも「補償する金額を引き上げろ」といった数字の話ばかりだ。

解雇や廃業にまで至らずとも、それぞれに意味を込めて営んできたコロナ以前の日常の実践を、否定された人がどれほど大きな喪失感を抱えているか。そのことに向きあい、なんらかの形でせめてもの意味を新たに充塡《じゅうてん》しようとする、配慮に満ちた実践がこの国ではあまりにも少なすぎる。

2

こうしたなかで、ある古典について考えることが増えた。

歴史学者として勤めてきた大学を二〇一七年に退職したのち、定期的に読み返す座右の書に村松剛《たけし》（仏文学者、文芸評論家。故人）の『歴史とエロス』がある。同書の二・三章で、私は「ヨブ記」の存在に目を開かれた。

多くの人が知るように、ヨブ記は旧約聖書の一部をなし、神の手で理由なく苦しめられる——意味のない苦難を強要される主人公ヨブを描いている。村松はその著書の中で、このヨブ記を二つの評価軸のもとに定位している。

一つは、一九世紀以降に高まる「不条理小説」の、遠く遥《はる》かな原点としての位置づけだ。たとえばドストエフスキー『カラマーゾフの兄弟』や、カフカ『城』、あるいはカミュ『異邦人』と同じ問いを最初に描いたプロト文学こそがヨブ記であり、「人類最古の文学のうたう、美しい声は、やがてドストエフスキイに、カフカに、こだまするのである」[*5]。

より重要なのは、もう一つ、そのヨブ記をむしろポスト歴史の先駆けでもあるものとして、村松が意味づけていた事実である。

村松のみるところ、ヨブ記は紀元前五世紀ごろの成立であり、ユダヤ教徒にとってのバビロン捕囚の体験が反映されているという（私は聖書学者ではないので、当否は留保したい）。バビロニアの滅亡に伴い解放された後でも、「久しぶりに見る故国で彼らを待っていたのは瓦礫《がれき》の山と貧困と餓《う》えだった。……自分のつくった歴史にたいする不信の、おそらくは人間の最初の叫びが、そこからはひびいてくるのである」[*6]。

ユダヤ教の神は絶対神であって、ギリシャ神話に出てくるような人間臭い神々とは異なる。後者であれば現世で不幸が生じたにせよ、それは神さまの「気まぐれ」ということで納得しうるが、前者の神と交《か》わした契約・律法を守って暮らし続けたにもかかわらず、たどり着いた故郷が壊滅していたとあっては、押しよせる不条理はその比ではない。その衝撃は必ずや、いままで信じてきた救済に向かう歴史観への、懐疑と失望を生まざるを得ない。

こうした体験の質は、コロナ禍でいま私たちが味わっている「意味の殺戮《さつりく》」にも、重なって響くものがある。

近代社会においては長らく「科学」が、かつての一神教における絶対神の座を占めてきた。コロナ禍でも当初は合理的な対策を主導する専門家の活躍が期待され、ワクチン開発に代表される科学の進歩による疫病の克服が待ち望まれたが、いまそうした物語を素朴に信じるのは思慮の浅い人だけである（先に言及したインドをはじめ、ワクチン接種の拡大がむしろ感染者数の増加と並行する現象が一部の国で見られ、注目されている）。

あるいは二〇二〇年の夏に予定され、一年間の延期となった東京オリンピックを考えてもよい。一三年の九月に歓呼の中で五輪誘致が決まったとき、多くの国民がかつての戦後復興と高度成長の栄光を想起し、ふたたび日本が羽ばたくというメタヒストリーをこのスポーツイベントの背後に見出した。対して五輪がコロナ対策の「邪魔者」としか見なされなくなった今日、そうした往時の歴史観にリアリティを感じる人は誰もいない。

いま私は、牽強付会《けんきょうふかい》をしているのではない。実は『歴史とエロス』の原型となった評論「自我をこえるもの」を村松剛が連載したのは、一九六四年の『文學界』（一～九月号）。まさに最初の東京五輪の年であった。[*7]

この時点ですでに「戦後」や「近代」といった時代感覚の衰弱を指摘していた村松は、七〇年の単行本化——こちらは最初の大阪万博の年にあたる——に際して、当時の日本が「未来論とエスカトロジー〔終末論〕とが背中あわせに、いまは併存している」「歴史上にも珍しい」[*8]環境にあることを指摘している。平成の末には人工知能がすべてを解決するといった技術楽観論が囃《はや》され、令和となるや資本主義を止めないかぎり地球が滅ぶとする環境悲観論が主流となる目下の言論状況もまた、その反復といえよう。

もはや私たちに、そのまま信じられる共通の歴史観はない。過去をふり返る歴史という営みは、かつてのようには私たちの生に、意味を与えてはくれない。

それでもなお生きることは、いかにして可能になるのだろうか。

3

ヨブ記に描かれるユダヤ教の神の姿は、異様である。

ヨブは神ヤハヴェ（エホバ）への信仰篤《あつ》く、好人物で、家族にも友人にも恵まれた資産家だった。この優れた信徒を誇るヤハヴェに対し、サタンが「その信仰は神による報酬があるからこそだ。ヨブに不幸を見舞えば、きっと神を信じなくなる」と批判する。驚いたことに、ヤハヴェはサタンにヨブを不幸にする許可を与え、この言の真偽を確かめようとする。

究極の人体実験と言ってよいが、最初はヨブ自身の身体には手を付けないという約束だったのに（それでも子供全員を殺され、財産を失う）、やがて死なない範囲でならヨブを苦しめてもよいことになって、全身腫物《はれもの》だらけの姿に変えられてしまう。そこに当初はヨブを信じていた三名の友人が来訪して衝撃を受け、信仰の意義をめぐる問答を交わす設定になっている。

そもそもこうした神を信ずべき理由があるのか、日本人には疑わしいだろう。実際に村松も「酬《むく》いられることがあるから信じる、神の行いが不条理に見えるなら信じない、という悪魔の説は、宗教観としてむしろ健全であるかも知れない」と述べ、旧約聖書とて全体としては、本来「モーゼを介しての民族と神との契約いらい、神に従順ならば民族は反対給付としての繁栄をもらえる、という合理主義がつらぬいている」[*9]はずだったと指摘している。

どうすれば、これを理解できるようになるか。実は村松の著書から半世紀前の一九二〇年に、内村鑑三がヨブ記の講読会を行った際の記録が残っている（最初の単行本化は二二年、現行版の底本は二五年刊）。その冒頭で内村は、ある意味で村松以上に明晰《めいせき》に、ヨブ記が歴史以降（ポストヒストリー）の書物として読まれるべきとの立場を示している。

そもそも創世記を以《もっ》て始まりし歴史は、イスラエルを通して伝えられし神の啓示を載《の》するものである。しかしてそれが最後のエステル書を以て終るや、ここにヨブ記を以て一個人の心霊を以てする啓示が伝えられたのである。……神の教示が全く別の道を取るに至ったのである。[*10]

内村いわく、キリスト教の聖典である新約聖書では、冒頭に福音書や使徒行伝《ぎょうでん》などの「歴史」（過去の記録）が置かれ、中間に信徒の内的信仰に基づく「教訓」（教理の解明）が挟《はさ》まり、末尾に黙示録という形で「預言」（未来予測）が配されている。実は旧約聖書でもこの構造は同じであり、ヨブ記が「歴史」の終わった直後、「教訓」の最初の箇所に置かれていることに注意せよと、内村は受講者に促《うなが》しているのだ。

こうした新約との対比にも見られるように、内村は自らの信仰であるキリスト教の伝道のために講義を行っており、「ヨブ記一巻四二章［、］要するにこれキリスト降世以前のキリスト探求史である」[*11]——すなわちヨブ記を民族宗教であったユダヤ教が、世界宗教たるキリスト教へと〝進化〟を遂げる際の媒介物として扱う傾きが強い。しかし彼と信仰を共有せずとも、その懇切《こんせつ》な筆致をたどることで、私たちは歴史がもはや倫理の母体とはならない時代にふさわしい思考法を、古典から受けとることができる。

4

その核心とは、なんだろうか。内村のようにキリストの名を出すことなく、ヨブの苦闘から倫理を汲《く》み上げる道は、あるだろうか。

意外にも私たちの直近の体験は、その手がかりを提供する。コロナ禍の下では（日本においては特に）感染者がかえって世間から責められ、著名人の場合、初期には社会に向けて謝罪までさせられるといった不条理が発生した。

このとき注目された心理学の概念に「公正世界信念」がある。[12] この世界のあり方自体が不正にまみれているとは、誰しも思いたくない。しかしそうした無意識の志向が暴走すると、困難に陥った人を「社会の側に問題は何もなく、うまくやっていけない人間は自業自得なのだ」と叩くことで、主観的な安堵《あんど》感（＝不幸になるのは特殊な劣後者であり、自分は関係ない）を得ようとする事態が起きる。コロナで言えば、「感染した人間は、きっと自粛せず不謹慎に遊んでいたんだ」といった類《たぐい》だ。

実はヨブ記でも、病める姿に変えられたヨブを訪れた三名の友人は、これほどの神罰が下るからにはなにか罪を犯したのではないかと疑って、逆にヨブを責めようとする。内村は彼らを「オルソドクシーの徒」と呼び、「その教条、その神学をあらゆる他のものの上に置［き］……その教条、その神学のためには、あらゆる他のものを犠牲に供して厭《いと》わない。その結果は知らず識《し》らず恐ろしき罪をも犯すに至る」[*13]として、彼ら三名こそが自覚せざる罪人であることを強く非難している。

ここでOrthodoxy（正統派）の語を用いたのは、無教会主義を標榜した内村ならではであって、むしろ宗教――に限らずあらゆるよき社会への試みが、悪しき〝原理主義〟へと急転する危険性を剔抉《てっけつ》したものとして読むのが今日的だろう。たとえばコロナ禍に際しては科学が当初、感染を抑制するための指針を人びとに与えるものとして注目された。しかし、それは先述した心理的な機構と組み合わさったとき、「自分だけは「不謹慎な行為をした」と批判されないためのマニュアル」へと転化して、感染者を違背者と見なし排除する凶器に変じていったのである。[*14]

こうした頽落《たいらく》を避け、あるいはそこから立ち直るための契機は、どこにあるか。

講演の要衝《ようしょう》で内村は、苦しみの渦中にいるヨブが、この世界の全体が神の被造物であり、したがって自分一人が生まれるまでに神が注いだ努力もまた甚大なものであるはずなのに、なぜかかる不条理を自分にもたらすかと神を呪ったことに触れる。そうした宗教的な人間発生論は「勿論《もちろん》近世科学の承認を得ることは出来ない」と認めつつ、しかし内村はその内に秘められた真理を、こう喝破している。

政治家はただ民を民衆という一団として見、経済学者は数を以てのみ人を見、軍人はあたかも将棋の駒を動かすが如き考《かんがえ》を以て部下の兵に臨むのである。かく個人の認められざる社会にありては、我らもまた人を軽んじまた自《みずか》ら軽んぜんとする。しかるに一度ヨブの見る処《ところ》を以てせんか、人一人が神の絶大なる努力の結果として現われたるものにして、一人は大宇宙全体と匹敵するのである。[*15]

それこそ疫学者の視点をもってすれば、人間は単なる「感染を広める媒体」でしかなく、その存在は容易に陽性者数といった「数」へと切り下げられる。私たちは常にこれに抗《あらが》って、「一人は大宇宙全体と匹敵する」ような見え方の地平を取り戻さなければならない。ただしヨブや内村が信仰するような、神の概念抜きで。

内容がコロナ禍を連想させるとして突如、世界で再読されたカミュの『ペスト』はまさに、「人は神によらずして聖者になりうるか」という問いを掲げ、その鍵を「共感ということだ」[*16]と述べていた。はたしてそれを可能にするのは、いかなる実践だろうか?

5

先の引用の直後、内村は「ヨブは義の神に対して愛の神を求めている」と述べ、「義の神と愛の神とが人の魂の中において平均《バランス》を取るに至って、初めて人の心は安定するのである」[*17]と論じている。むろん内村としては、義の神に留まった（旧約の段階での）ヤハヴェに対し、愛の神こそがキリストだとする理路になるのだが、私たちにはこの義と愛の二分法を、より中立的に定義づける道が残されている。

義の神とは、内村が例示した政治家や経済学者や軍人がそうであるように、人間をたとえば保有する票数・購買力・戦力（疫学者であれば感染媒体）といった諸側面へと分割してゆく知性の働きだと捉えることができよう。その帰結として、たとえば票田として有望か・効率的に感染を抑え得るかといった評価がなされ、各個体の「優劣」が採点されてゆく。むろんそうした営みもまた、社会を維持する上で必須の一部ではある。

だがヤハヴェがサタンの提案を容《い》れたとおり、目的合理性のみに則した人間の評定《ひょうてい》は、必ずや相互の不信を作り出す。現世利益《りやく》のみによって支持される神は、利得をもたらさなければ信者に見捨てられるように、「あなたは有能な存在だから」ということで地位や報酬を得る人は、能力を失えばやはりその立場も失う。結果として、「我らもまた人を軽んじまた自ら軽んぜんとする」ことになる。

それでは愛の神とはなにか。それはなんらかの目的に沿《そ》い個人を諸要素・諸特性に分割して把握するのではなく、むしろ統合された全体として受けとめる知性の用い方でなければならない。

感染対策の観点に絞ってみれば「不要不急」で、マイナスの評定しか附しようのない営為でも、その当事者が抱き生きようとする意味世界の中では、絶対不可欠の一部を構成しているかもしれない。そうした個人が持つ世界観の全体を、あえて分割せず丸ごと承認し、対話を試みてゆくスタンスこそが愛であろう。そうした立場において初めて、数字には還元されない「意味」の居場所は回復されうる。[*18]

まさに内村がヨブ記を講じていたのと同じ一九二〇年、ある小説が発表された。秤《はかり》屋に奉公する主人公の少年がたまたま、計量に基づく等価交換ではけっしてあり得ないような贈与を受ける。作者は当初、その贈り主を少年が訪ねても無人の祠《ほこら》があるだけだったとする結末を予定していたが、主人公に対し「少し惨酷《ざんこく》」に感じて放棄したという。[*19]

なぜ残酷なのか。それは、もし（狭義の）神や信仰の力でしか愛によって義を矯《た》めれないのだとすれば、世俗社会に生きる多くの者にとってあまりに希望がない——人間どうしを信頼しあう基盤を喪失するからに、他なるまい。

ウィルスそれ自体がもたらす惨禍は、人口学的に十分な規模の免疫が成立することでやがて終わるだろう。しかしコロナ禍が露呈させたこの社会の不条理が、それに伴って消えてくれるわけではない。おそらく厄災の後には、喪《うしな》われた意味を埋めるための（広義の）宗教が無数に台頭するであろうし、その一部は新たな原理主義へ転じるかもわからない。

そうした遠からず訪れる次の危機に、いかに備え、頭と心の準備をしておくべきか。紀元前、ないし今日から一世紀前の「古典」が私たちに教えてくれることは、いまもなおあまりに多いのである。

＊1　一連の経緯、および渦中で著者が行ってきた発言については、拙著『歴史なき時代に　私たちが失ったもの　取り戻すもの』朝日新書、二〇二一年を参照。
＊2　拙稿「自粛とステイホームがもはや「正義」ではないこれだけの理由　再度の緊急事態宣言への「傾向と対策」」現代ビジネス、二〇二一年一月九日。
＊3　「効果不透明、綱渡りの対策　感染拡大でも休業緩和—緊急事態宣言」時事ドットコム、二〇二一年五月八日。
＊4　拙稿「100年前の少女たちに学ぶ「成熟による安心」　映画『フェアリーテイル』とコロナパニック」「こころのための専門メディア・金子書房note、二〇二〇年十二月二八日（前掲『歴史なき時代に』にも再録）。
＊5　村松剛『歴史とエロス　村松剛エッセイ集』新潮社、一九七〇年、四七頁。
＊6　同書、三九頁。
＊7　書籍化にあたり時評的な部分をはじめ多くが差し替えられたが、ヨブ記を扱う箇所は「ほぼもとのまま」である旨を、村松自身が記している（同書、二五一頁）。
＊8　同書、一三頁。歴史意識をめぐる往時の問題に関しては、拙稿「「歴史」の秩序が終ったとき　三島事件と歴史家たち」『文學界』二〇一九年一〇月号も参照。
＊9　同書、六五・四五〜四六頁。
＊10　内村鑑三『ヨブ記講演』岩波文庫、二〇一四年、八頁。同書の成立事情については、校訂者（鈴木範久）による解題を参照した。
＊11　同書、三五頁。
＊12　三浦麻子「不安で攻撃する心理　自覚を」『朝日新聞』二〇二〇年一〇月九日。
＊13　前掲『ヨブ記講演』、五一〜五二頁。

＊14　與那覇潤・浜崎洋介「「コロナ依存症」に陥った日本社会をどう癒すか　過剰自粛、ポリコレ、ポスト・トゥルースの時代を超えて」『表現者クライテリオン』二〇二一年五月号、七〇〜七一頁。
＊15　前掲『ヨブ記講演』、八二〜八三頁。
＊16　カミュ『ペスト』宮崎嶺雄訳、新潮文庫（改版）、二〇〇四年、三七九頁。なお同作の初出は一九四七年で、原文脈ではペストの流行はナチズムによる占領の隠喩と解釈されている。
＊17　前掲『ヨブ記講演』、八五〜八六頁。
＊18　詳しくは、斎藤環・與那覇潤『心を病んだらいけないの？　うつ病社会の処方箋』新潮選書、二〇二〇年、第六章、および斎藤による後記（特に二七六〜二七七頁）を参照。
＊19　拙稿「目からウロコの名作再読10　志賀直哉著「小僧の神様」」『中央公論』二〇一九年一〇月号（本書に収録）。

（倫理研究所紀要三〇号　二〇二一年八月）

志賀直哉「小僧の神様」

「返さなくてよい負債」は、もう財産と同じもの、らしい。

そんな所説が政界や論壇に飛びかう昨今である。ついこの前まで、自分なら「国の借金を増やさずに景気をよくできる」と称していた識者まで、こっそり宗旨を替えて流行に群がるいやしさに疲れたら、深呼吸して古典に還《かえ》るくらいがちょうどいい。

私くらいの世代にとって、「小僧の神様」は国語の教科書の定番だった。そしてたとえば太宰治の「走れメロス」とは違って、いつまでも心に違和感をのこす作品だった。

あらすじは単純だ。「神田の或《あ》る秤《はかり》屋の店」に奉公する小僧の仙吉が、代金不足で屋台の鮨《すし》を食べられず恥をかく。その場に居あわせた若い貴族院議員Aが、後日たまたま秤を買いにきて仙吉に気づき、品物を運ぶ駄賃と称してたらふく鮨を食わせてやる。それも鮨屋にかなりの大金を預け、後日また来ても何度でも食べられるようにしてやるという念の入れようである。

わからないのはここからだった。仙吉はAを神様のように慕《した》うが、当のAはその後むしろ「変に淋《さび》しい、いやな気持」を抱く。善行をしたのになぜそうなのか。Aは自問し、妻にも訊《き》いてみるが、けっきょく作中で答えは示されずにおわる。

私が最初に触れたのは小学校か進学塾かのいずれかで、そのときは純粋に「よくわからない話」だった。中高生のころ再読して、「過分に立派すぎる人を演じてしまったあとに残る、偽善者になったような照れくささ」を感じるようにはなったが、あいかわらず釈然としなかった。

ふっと作品に新たな相貌《そうぼう》が見えてきたのは、うつ状態で休職し、リワークデイケアに通っている最中のことだ。うつ症状の場合、病名も軽重も多様なものがありえる。まして職場や生活の環境（休職期間の長さ、その間の収入の有無、復職後の業務内容など）は千差万別だから、厳密には「同じ状態」の利用者はひとりとしていない。

なにかのきっかけで、ああ、自分はまだ恵まれているな、と気づくことがある。だがその恵みは、私に帰属するのだろうか。たとえば私の才能や努力ゆえに獲得された、私の「財産」なのか。そうは思いがたい。

自分の財産を確認したというよりはむしろ、周囲に対して「借り」をつくった気になる。なんらかの偶然で、いまは恵みが多少私に偏って配分されている。しかし現在の状態が続くかはわからないし、ほんとうはその恵みは均《なら》されることが望ましいような想いが湧く。

だが現実にそれを均すとなると、むずかしい。秤で量って、多かった分だけをちょうど他人にあげるというわけにはいかない。だからやろうとするならありたけの善意を尽くして、蕩尽《とうじん》めいた形の贈与を行うことになるが、かといって偏りが均せたかというと、たぶんそう思える日はこない。

じつは財産という概念こそが、いまのところは返さなくてよいと見なされている「負債」を指していたのではないか。なにかのきっかけで人は負債を返さねばという霊感に打たれるが、それがいつ誰に対する返済として起こるかは、偶然によってしか決まらない。

本作のもうひとつの謎は、末尾に突然「作者」が登場することだ。Aが秤屋で（気恥ずかしさから出鱈目《でたらめ》に）記入した住所を仙吉が訪ねたら、稲荷《いなり》の祠があるだけだったという結末を着想したものの「小僧に対し少し惨酷な気がして」やめた、なる告白である。

いま私は、ようやく真意がわかった気がしている。作者は小僧に信仰ではなく、希望を与えることを選んだのだろう。

本作が描くように「神様」はほんらい、宗教上の観念ではないのだ。財産を負債と読みかえるときに、私たちはみな誰かの神様たりえるのだし、かつそうあらねばならない。

（中央公論　二〇一九年一〇月号　コラム〈目からウロコの名作再読〉）

ターンブル『食うものをくれ』

1

×××は、無用の付属物を棄《す》て去ることに成功した。無用の、と私が言うのは、家族とか、社会的協同性とか、信仰とか、愛とか、希望とか、そうしたもののことである。つまり、×××にとってはそれらすべてが生存を妨《さまた》げるものであったという、強力な理由によって。[*1]

（二七五頁）

伏字《ふせじ》にした箇所に「コロナ」と入れても意味が通ることに、二〇二二年のいま新鮮な驚きを覚えている。二〇年春からの長きにわたった新型コロナウィルスのパンデミックは、法的なロックダウンには至らなかったわが国においても、「生存を妨げる」と見なされたものすべてを「無用」扱いする風潮を定着させていった。

家庭内でも食事を別の座席で食べ、外食や旅行を自粛する景色はすっかり当たり前となった。自分と家族が感染しないことが第一で、そのためには他人の生業がいかに規制されようとかまわないとする発想は、当然ながら社会的な協同性を崩壊させる。宗教施設の行事ですら開催できない状態に追い込まれる例は少なくなかったし、対面への忌避《きひ》が続けばやがて「専門家会議が「新しい生活様式（恋愛編）」として「出会いはアプリで」「キスは決死の覚悟で」「セックスは年に二人まで」などの提案をしてくるかも知れない」[*2]といったジョークすら聞かれた。

冒頭に引いた文面はその後、「人間はそうした付属物なしにでもやって行けるのだと×××が示している、ということはすなわち……社会がなくてもやって行けるのだ、ということでもある」と続く。バラバラの個人だけが存在し、経済活動（テレワーク）もコミュニケーション（SNS）も通信ネットワークのみを介してなされ、同じ国に生きる人々の全体を「社会」というまとまりと見なして、それを居心地のよい空間にしていこうとする志向を誰も持たない[*3]。むしろ最新のITテクノロジーを駆使して、そんな余計なものなしでも暮らせるスマートシティをこの際築こう、それが「ニューノーマル」（新常態）だといった言論が、コロナ禍の初期にはメディアを席巻《せっけん》した。

しかしながら、三文字の伏字に入るのはコロナではない。正しくは「イク族」——かつて東アフリカの内陸国ウガンダの北部山岳地帯、スーダンやケニアに接する地域に暮らしていた少数民族の名称である。

2

引用の出典は、ロンドン出身の文化人類学者コリン・ターンブルが著した『ブリンジ・ヌガグ　食うものをくれ』（以下、『食うものをくれ』）。オックスフォードに学んだターンブルは米国の研究機関に籍を移し、同書は *The Mountain People*（山の民）という原題で一九七二年、ニューヨークの出版社から刊行された。同業者のマーガレット・ミードや、進化生物学者ジュリアン・ハクスリーらに絶賛される一方、今日までエスノグラフィー（民族誌）としての評価が分かれる異貌《いぼう》の古典である。

なぜか。ひとつには同書で描かれるイク族の状況が、あまりに過酷だからだ。彼らはもともと移動する狩猟民だったが、主たる猟の場だったキデポ渓谷が国立公園に指定されてしまったため（一八頁。おそらくウガンダ独立時の一九六二年か）、慣れない定住農耕を試みるも恒常的な飢餓状態に置かれていた。著者がフィールドワークを行ったのは、六六年にオボテ首相がクーデターで終身大統領となり、アフリカ社会主義の政策を本格化させる前後の時期である（七一年に、悪名高いアミン参謀総長のクーデターで失脚）。

当事者が絶滅に瀕《ひん》するほどの飢餓の中で、学問的な参与観察がどこまで許されるかという問題に加えて、もうひとつ同書が賛否を呼ぶ理由は、著者ターンブルがイク族への共感ではなく嫌悪を綴《つづ》ったことだ。ターンブルはウガンダ政府に依頼されて、イク族の現状を改善するための政策も立案したが、「軍事行動に近いものにうったえてかれらを一ヵ所に狩り集め」、既存の親族体系を解体すべく、ランダムな「十人ぐらいずつの小グループに分け、あちこちの山岳地帯に分散させ」て悪習を根絶するとした提案は、あまりに過激で採用されなかったという（二六九〜二七一頁）。

たとえ欧米人の常識には反しようとも、調査対象の生活や世界観を内在的に理解する方向に発展してきた文化人類学にとって、イク族のあり方をほぼ全否定するターンブルの論調は異例であり、同書をむしろ「苛烈《かれつ》な状況で調査者の心が壊れていく過程」[*4]を描いたものとする読み方もある。出版後には高名な演出家ピーター・ブルックによって内容が演劇化された半面、学界からはかなり厳しい批判も浴び、後に公的な場を去ったターンブルは行方不明に近い形で亡くなったという。[*5]

しかし賛否のいずれに立つにせよ、同書に接する上で最も重視すべきは、ターンブルがイク族に向けた批判は、いわゆる「文明から野蛮へ」の視線に沿った侮蔑的な西洋中心主義のそれではないという事実だ。むしろターンブルがイク族を憎むのは、彼らの生きざまが、欧米先進諸国で進行しつつある社会の荒廃ぶりの写し絵に見えたから――自らの最も嫌な部分を、他者のなかに見出したからであった。

たとえば同書の冒頭では、（イク族もかつてそうであった）狩猟民の生活においては、美徳というよりも社会的な必要に基づいて「親切気、寛大さ、思いやり、情愛、正直さ、もてなしのよさ、同情心、慈悲、といったもの」が育まれると指摘される。しかしその後に記されるシニシズムに満ちた一節は、あたかも『食うものをくれ』の世界観を再現するようなコロナ禍を味わった現在、不気味なリアリティを伴《ともな》って私たちの耳に響く。

われわれの社会でなら、ここに列挙した［よき］資質のただの半分でも持ちあわせている人間がいれば、彼は生き残るのにひどく苦労しなければならないだろう。……われわれが高く評価するような資質は、イク族にとってもはや何の役にも立たないものになっていたのだ。そうした資質が破滅と災難しかもたらさないものになっていること、われわれ自身の社会以上だった。（二四～二五頁）

3

［案内人のイク族が］立ちどまると囲い越しに、病気の母親へ息子としての挨拶《あいさつ》の言葉を投げた。

「ブリンジ・ヌガグ（食うものをくれ）」

すると、なかからはこんな返事があった。

「ベラ・ヌガグ（食うものなんかないよ）」この儀礼の交換が、どうやら、二年間も会わずにいたあとで必要とされる会話のすべてであるらしかった。（四二頁）

訳書に附された独自の邦題は、この印象的な光景から採られている。右記の問答からまもなく、著者は別の家屋の住人に乞われて「囲いの内側からやせて骨ばった手が一本突き出ている」のに煙草《たばこ》を握らせようとしたところ、案内人から「そこには誰もいませんよ！」「煙草をむだにすることはない」として取り上げられる。この時は「深い絶望感と無力感の混じった、制しようのない怒り」を覚え、食料品を「二人［の案内人］が止めるひまもないうちに……囲い越しになかへ投げこんだ」著者だが（四五～四六頁）、しだいにイク族の現状に慣らされ、そうした憤《いきどお》りすらも保ち得なくなっていく。

著者はこの後アトゥムといういかにも老獪《ろうかい》な男性を、事実上の調査助手に採用する。彼には病気の妻がおり、ねだられるままに著者は食物や薬を分け与えていたが、実は「もう何週間も前に」その妻は死亡しており、アトゥムは実際には薬を転売していたことが判明する。その顚《てん》末《まつ》に対する著者のコメントはこうだ――「アトゥムにとって、彼女は生きていたときより死んでからのほうがずっと役に立ったのだ」（七七頁）。

自らの家族ですらも、ともに居ること自体に意味を感じる相手として見いだせず、単なる

（この場合は転売の元手との）「交換の媒体」としてしか位置づけられないほどの窮状。そうした過酷さは、パートナーのみでなく子女にも向けられる。「子供たちは三歳か、おそくとも四歳になると〝放り出され〟て、それ以後はもう家のなかで寝ることを許されない」（一一〇頁）。戸外に出された子供たちは年齢階梯制の「エイジ・バンド」に属して暮らすが、そこもまた出し抜きや裏切りに満ちた弱肉強食の場であるため、生き残った者は自ずと以下のようなモラルに染まってゆく。

彼はもう自分一個の利益のために独立してやって行けるだけの知恵を身につけている一方、ときによっては一時的に他人と結びついたほうが有利だということも認識している。そうした結びつきが一時的なものでなければならないということについては……人にいじめられ、なぐられる側から今度は逆に人をいじめ、なぐる側へと成長してくるあいだに、たっぷりと観察する機会があったわけだ。（一二八頁）

悲痛なのはバンドの中で弄《もてあそ》ばれ、家族からも見捨てられて餓死に至るアドゥパという女の子の挿話だ。著者はこう考察する。「彼女はただ人間というものがどんなに邪悪なものであり得るか、ことに自分の遊び仲間がどんなに悪意に満ちているかを知らなかっただけだ――それが彼女の狂気だった。彼女は仲間の誰よりも年長で、そして誰よりも寛大だったが、この寛大であるということもまた、イク族の世界では狂気のひとつなのだ」（一二〇頁）。正気と狂気の境界は、いかなる社会でも時代に応じて変動するが、美徳を有することが「狂気」の証明とされてしまう倒錯の極限を、著者はイク族に見出している。

彼らが極度の飢餓に追いやられた理由は、慣れない農耕生活を強制された上に、長期の旱魃《かんばつ》が重なったことだった。しかし一度はフィールドワークから撤退した後、ついに雨季が訪れたと知ってイク族を再訪した著者は、さらなる絶望を味わう。彼らは従来の粗放な耕作の仕方を改めず、せっかく得られた余剰の農作物も放置して腐敗させるだけだった。「虫や鳥に荒らされないように守ったりして、畑の状態がこれ以上よく見えたりすれば、政府は救済食糧の支給を打ち切るにちがいない。……イク族は、食物を手に入れるには畑を耕すよりも政府からの支給を受けたほうがずっと楽だと味をしめてしまったのだ」（二六七頁）。

冷戦下の世界全体を見ても、ターンブルがウガンダで調査を行った時期は米国のジョンソン民主党政権が「偉大な社会」政策（一九六五年）を掲げたような、福祉国家構想の全盛期にあたる。だからこうした『食うものをくれ』の結論部を、後に来る新自由主義（＝公助への依存体質の批判）の先駆として読むことも不可能ではない。

しかし、著者の洞察の比類なさは、国家による保護か市場での競争かという二者択一よりも遥かに深いところで、先進国と途上国を問わず進展する「個人主義」の暗黒面にこそ、イク族と私たちとに共通する病巣《びょうそう》を見抜いたことに存している。

われわれはかれらほど早くから子供を家から放り出さない［が……］われわれは学校だのサマー・キャンプだのといった、あらゆるものをうまく利用して子供を遠ざけておく。われわれが家庭から国家へと責任を転嫁しているとすれば、イク族は個人にすべてを負わせている、というだけの違いである。（二一九頁）

4

ターンブルが終章を「今日の世界」と銘《めい》打ったように、『食うものをくれ』は単に飢餓地帯の惨禍を伝えるのみではなく、欧米の諸社会も含めた近代文明全般がいま、向かいつつあるディストピアを指し示すことを主題としていた。そして、この問題提起に鋭敏な反応を示した日本の思想家が、私の知るかぎりで二人存在する。[*6]

一人目は、精神科医の中井久夫である。一九八二年に初版が刊行された代表作『分裂病と人類』の表題論文でターンブルの名をあげ、しかし彼の洞察とは異なって「今日のイク族が一つの「倫理」に従って行動していることもまた間違いないと私は思う」と記した。「第二次大戦のニューギニア、フィリピンにおける［日本軍の］極限状況と異なり、そこには殺人も食人もない」[*7]ことがその理由だったが（中井は一九三四年生まれで、たとえば大江健三郎の同時代人である）、実際にターンブルも「イク族の社会は別に無政府状態というようなものに陥ってはいない」・「かれらが殺意を示すことはけっしてなかった」（一七〇・二三七頁。傍点原文）と認めている。同じ家庭に属する相手も含めて、すべてが自分にとっては他人だと割りきり一切の共感を持たない半面で、憎しみをぶつけて積極的に「殺そう」とまではしない。そうした人間性が残存するともしないとも判別しがたい状況を指して、中井は「ターンブルの嫌悪にもかかわらず、イク族の「倫理」は「世界の究極の無関心に対して開かれたやさしさ」を感じさせる――少なくともカミュならばそう言うであろう」と形容する。

興味深いのは、中井がこの省察《せいさつ》を「向精神薬が到来する以前の巨大精神病院の雰囲気」、つまり患者が人権を無視され集密状況で監禁された時代の体験から得ていることである。

> われわれ［医療者］の一行が通過すると［患者たちがどくので］道はおのずと開かれ、われわれの背後で再び閉じた。私はゆらめく海藻《かいそう》の林を歩む印象を抱いた。帰途、郊外電車の客たちは昼下りのけだるさに身を任せていたが、彼らの存在はほとんどぎらぎらした欲望の塊《かたまり》のごとく私の目に映り、その熱気はほとんど直接に私の面を打ったのである。*8

かような病者が持つ相互不干渉のモラルによってこそ、精神科の入院治療は支えられており、「もし代わりにいわゆる健康者を同数［精神病院と］同じ状況に置けばおそらく修羅場《しゅらば》が現出するであろう」と中井は述べる。この点は「たとえ第二次世界大戦中の［ナチスの］強制収容所においてすら……みずからの〝人間らしさ〟を、イク族ほど大幅に脱落させてしまうことはまれだった」（二二一頁）とまで記すターンブルの認識と、鋭い対照をなす。
相互に無関心になることで相手に配慮するという、いわば――二〇二〇年以降の新型コロナ禍では世界大で展開された――接触回避の実践の奥底に、最後に残る人間性を探そうとした中井の読解に対し、また別の視点を示したもうひとりの『食うものをくれ』の解釈者は、文芸評論家の加藤典洋《のりひろ》だった。加藤が注目したのは、飢餓がいよいよ極まって死を待つばかりとなった際、イク族の「とくに高齢者と幼児」は地を這《は》ってでもむしろ互いに触れあおうとしたとする、同書の以下の描写だと思われる。

これらの骨と皮ばかりでできた、半分だけ生きている袋《（ママ）》たちは、ただほかの誰かと一緒になりたいだけなのだった。どこだろうと、連れができたところでかれらは動きをとめた。……午前中に一緒になると、夕方までずっとそのまま動かずにいた。出会ったら出会ったきり、話をするわけでもなければ、一緒に何かするわけでもなかった。ただ一緒にいるだけで満足のようだった。（二〇八頁）

加藤は二〇〇〇年に単行本を刊行した『日本人の自画像』の序論で、「共同性ということをもっぱらまとまりの意識として考えてきた」自らの旧業を反省し、むしろ「「日本人」という考え方が生まれることで、わたし達の身体の中に消えたもの、先に未成の共同性の感覚と呼ばれた」「つながりの意識」にも顧慮《こりょ》を向けるべきことを説く。そしてそのつながりの意識を最もよく示す例として、『食うものをくれ』に描かれた「この死んでいく人々の、最後の努力の姿」[*9]に言及するのである。

中井と加藤の読解法は一見すると正反対だが、しかし著者ターンブルが人間性の零度《ゼロ》と見なしかけたイク族の内部にさえも、なお他者をケアする論理を見出そうとする点で共通する。集団としてのアイデンティティ（まとまり）を喪失し、家族どうしですら食糧を分かちえない極限の貧しさの中でも、中井は無関心の裏側にある積極的な傷つけあいの回避に、加藤は眼前に誰かが居るだけの共同性（つながり）が瀕死の人びとにもたらした安堵に、いわば人間の最も深い基底にあるミニマムな倫理を見たのだった。

5

実はターンブルもまた、究極のエゴイストと化したかのようなイク族も「人はみな手に入れたものを仲間と分かちあわなければならないという、妙に古風な観念をいまだに抱きつづけている」ため、周囲の目に触れた収穫物は全員に分配するが、事前に隠すなどして「他人が見ないかった分は、独占してもかまわない」という行動原理に則《のっと》っていると指摘する（九一頁。傍点は原文）。それは映像配信技術の進展に胡坐《あぐら》をかき、相手の姿が見えさえすれば身体を伴う対面は不要だと高唱してきたコロナ禍の風潮が[*10]、なぜ相互の尊厳を失わせる結果に至ったのかを、私たちに教えるだろう。

手持ちの食糧を覗《のぞ》き込まれないよう、物理的には距離をとりながら、ただただ相互の目に映る相互の窮状を憫笑《びんしょう》しあって現実をやり過ごすイク族の日常は、誰もがチープなプライバシー配信者となった今日のSNS社会の原風景にも見えてくる。そうした彼らなりの「ニューノーマル」へと半《なか》ば馴染みつつあった著者は、丘陵《きゅうりょう》の斜面を滑落した盲目の老婆ロオノを抱き起こし介助した結果、かえって落涙させてしまった挿話について、「彼女が泣き出したのは、みんなが親切で善良で、互いに助けあっていた時代もあったのだということを、私たちのおかげで思い出してしまったから」ではないかと後悔の念を綴る（二二二頁）。

コロナ禍における私たちの社会の稚拙《ちせつ》な対応は、かつて人間らしさと呼ばれたもの――過去の記憶や歴史の総体が「オールドノーマル」として安易に棄却されかねない、危うい時代の徴候を誰の目にも示した。ロオノの最期に直面して著者が吐露した、自らの人間性の定義自体が崩壊のリミットにあるとする感覚は、約半世紀の時空も、飢餓と飽食の壁をも超えて、私たちがいまいかなる課題の前に立ちすくむのかを訴えかける。

結局のところ私はイク族に対して深い敬意をいだくようになったからなのだが、はたしてかれらはまちがっていたのか、私もまたあの谷の上［で］……笑いながら見おろしているべきではなかったか、そうして彼女が、泣くかわりにおそらくそんな自分の姿を笑って死んで行けるように、ほうっておいてやるべきではなかったか、と疑わないではいられないのである。（二一三頁）

［謝辞］本稿を着想するきっかけは、豊田市美術館で二〇二二年一月二二日に行った講演「覚えていることと思い出すこと」だった（現在も同館のYouTubeチャンネルで動画を視聴できる）。記して感謝したい。

＊1　コリン・ターンブル『ブリンジ・ヌガグ　食うものをくれ』幾野宏訳、筑摩書房、一九七四年。原著の刊行年等の書誌は本文を参照。なお同書からの引用は本文内に括弧書きで頁数を記す形とし、以降注記を略す。

＊2　古市憲寿『楽観論』新潮新書、二〇二一年、二二一頁。初出は『週刊新潮』二〇二〇年五月二八日号。

＊3　拙著『歴史なき時代に　私たちが失ったもの取り戻すもの』朝日新書、二〇二一年、一〇四〜一〇七頁。

＊4　渡辺一史・小川さやか・武田徹「「専門知」を「臨床知」で乗り越える」『アステイオン』九五号、二〇二一年、五二頁。発言者は小川氏。〔なお小川氏の『食うものをくれ』論は、二〇二一年九月刊の論集『絶版本』（柏書房）でより詳しく読める。〕

＊5　松田素二・川田牧人編『エスノグラフィー・ガイドブック　現代世界を複眼でみる』嵯峨野書院、二〇〇二年、一七九頁。当該部の執筆者は梅屋潔氏。

＊6　この今日的な意義は、以下の拙著に収めた磯野真穂氏との対談でも議論している。『過剰可視化社会　「見えすぎる」時代をどう生きるか』ＰＨＰ新書、二〇二二年、一九七〜一九八・二一六〜二一七頁。
＊7　中井久夫『新版　分裂病と人類』東京大学出版会、二〇一三年、一四頁。
＊8　同書、同頁。なお周知のとおり、中井が想起する作家カミュの『ペスト』（初出一九四七年）は、新型コロナウィルス禍の世界で再度のベストセラーとなった。
＊9　加藤典洋『増補　日本人の自画像』岩波現代文庫、二〇一七年、vii〜viii頁。
＊10　小川さやか・與那覇潤「過剰可視化社会を乗り越える知恵」『Ｖｏｉｃｅ』二〇二二年六月号、一一五頁。

（倫理研究所紀要三一号　二〇二二年八月）

中野重治「吉野さん」

二〇二〇年の春に新型コロナウィルスの流行が始まって以来、同年も含めて三度目の、「同調圧力とともに迎える夏」である。

ウィルス自体は「強めの風邪《かぜ》」に近いところまで弱毒化し、政府を支える専門家からも「指定を五類相当に変更し、インフルエンザと同様に扱おう」との提言が出てきた（二三年の五月にようやく実現）。しかしかつて彼ら自身が誇大に煽った不安のために、炎天下の屋外でも多くの人がマスクを外さない光景が続いている。

1

加えて二二年の七月に起きた安倍晋三元首相の暗殺事件が、もうひとつの暗い影を落としている。政府は早々に九月の国葬実施を決めたものの、「弔意《ちょうい》を国民に強制する同調圧力を招かないか」との批判もあり、いまのところ民意は二分された状態だ。

意外かもしれないが、ともに人によっては「やり過ぎ」だと非難される、コロナ対策と国葬の決定過程には、共通の力学が働いていたと私は考えている。

当時から何度も批判してきたが、安倍氏が首相だった二〇二〇年二月のコロナ禍の最初期、多くの識者は「政府が強権的に対策を進めるのは危険だ」と主張していた。しかし同年の三月半ばにコロナに対しても緊急事態を宣言可能とする法改正がなされるや、同じ面々は「なぜ政府は宣言を出さない!」と叫び始める。

むろん同じ月に、欧州諸国がロックダウンに踏み切ったことの影響はあったろう。しかし冷静に感染者数を比較すれば、日本は本来焦《あせ》る状況にはないとの指摘は、その時点でもすでになされていた。

つまり防疫上の意味は皆無だったにもかかわらず、なぜあのとき日本人は、自らの自由や権利が制約される対策（緊急事態宣言）を望んだのだろう？

一言でいえば、それが取れるかぎりで「最大限の選択肢」だったという以外に、理由はないと思う。

緊急事態宣言を発令するオプションが法的に可能となったにもかかわらず、それが「使われていない」という状況が、多くの人を不安にした。とにかくそのカードを切り、「やれるかぎり最大限のことはやりました」という体裁《ていさい》をとってくれないと、気持ちが納得できない。

目下争点となっている安倍元首相の葬儀形式をめぐる論争にも、同じ構図がある。亡くなった政治家の弔《とむら》い方としては、最上位のものとしての「国葬」の先例が、現憲法下でも一例のみだが存在する（吉田茂元首相、一九六七年）。

戦前も含めて憲政史上最長の政権を担い、しかも首相経験者として戦後初の暗殺という非業の死を遂げた安倍氏の葬儀に際して、国葬以外の選択肢を提示した場合、「なぜ最上位のオプションがあるのに、使わない！」と反発する層は確実にいる。

それを防ぐには最初から「国葬で」とオファーするしかなかったというのが、おそらくは政権の内情だと思う。まさに現職時代に安倍氏が「なぜ宣言を出すというオプションがあるのに、使わない！」として、民意から煽られたのと同じだ。

周知のとおり日本人にとっての夏、とりわけ八月は、いまや稀少な「戦争を振り返るシーズン」でもある。

その際メディアで繰り返される「特攻隊神話」もまた、同一の構造の上にあることにお気づきだろうか。特攻作戦に戦局を反転させる意義がまるでなかったことは、いまや視聴者の誰もが知っている。

しかし、それでも自らの命を棄てての攻撃という「最大限の選択肢」を選ぶ姿が、今日もなお多くの日本人の琴線《きんせん》に触れる。ほとんどは別に好戦的な歴史観の持ち主ではなく、「あそこまでやっても敗けたのだから、もうしかたなかった」と敗戦を受け入れるためにこそ、実戦上は意味のなかった非道な作戦に共感しているのだ。

戦時中から今日に至るまで続く、そうした感受性の罠から外に出るような歴史の振り返り方は、ないだろうか。

手がかりになる人物の姿を、作家の中野重治《しげはる》が「吉野さん」という回想（一九四九年）に描いている（小ぶりな『ちくま日本文学全集』の中野の巻が、図書館等で入手しやすい）。厳密には私小説であり創作も入っているが、モデルとなった人物の英詩をそのまま引用していることからも、戦時下の実体験を踏まえた随想と位置づけてよい。

2

「吉野さん」のモデルとなったのは、戦前に青山学院や陸軍大学校で教えた岡田哲蔵（一八六九〜一九四五年）。キリスト教思想を研究すると同時に、海外では『万葉集』の英訳などの詩作で知られていた。生前最後の二年間、世田谷で戦時下の町会長を務める姿が、中野の脚色を経て記録されている。

中野が住む地区の町会長として描かれる「吉野さん」は、リベラリスト（自由主義者）を自任する老紳士だが、反軍的な人ではない。日清・日露戦争では通訳として軍に協力し、少佐相当だったと噂《うわさ》されることから、防空演習でも軍人に一目置かれている。

しかし吉野さんは時局に関わる政治判断でも、「最大限の選択肢」には釣《つ》られない。あくまで法的な根拠があるか否かで、国の要請に応じるかを決める。戦費に回すための貯蓄が同調圧力で強制されそうになった際の、吉野さんの冷めた対応を、中野はこう描写している。

吉野さんは、町会長のうちでもいちばんの年寄りだったから、役人たちも弱った。とうとう都の代表者が、「重々ごもっともです。［法的な根拠がないのは］おっしゃるとおりで……ただこれは、挙国一致の案件でございまして、吉野先生以外の方にはおおむねご賛成願っておるのでございますから。多数決ということもございますし……」というようなことを言ったところ、吉野さんが開き直って、「多数決は挙国一致でありますまい。」とやったため座が白《しら》けたという話だった。

戦争中の日本でも吉野さんが孤高を貫けた理由は、なんだろう。中野はこの随想で二つ、大事な手がかりを示唆している。

まず、吉野さんには詩作という趣味があった。元共産党員として官憲から監視される半面、戦前に発表した小説で知られていた中野に、自作の英詩を渡して交流を持とうとする。

空気に従わない姿勢が右翼から睨《にら》まれ始めていた吉野さんに、最後の子供まで徴兵するとの通知が届き、町内は緊迫する。しかし出征式の日、吉野さんはわざと難解な自作の詩（日本語）に自分の真情を託すことで、衝突を回避する。

先日刊行した拙著『過剰可視化社会』（ＰＨＰ新書）でも論じたように、「見た者は誰もが必ず一様に、同じ感情を抱くべきだ」とする発想でなされるコミュニケーションは、容易に同調圧力に転ずる（プロパガンダが典型である）。そうではない、私秘的な会話の作法を知っていたことが、戦時下でも内面の自由を守った。

次に、吉野さんとは正反対の個性の持ち主も、相まって彼とともに地域を支えたことだ。典型は前任の町会長だった、竹内という人物である。

竹内は生活物資の調達に辣腕《らつわん》を振るうやり手だが、常に自分が一番多くせしめるエゴイストだった。そのため副町会長に降格されたものの、清廉さの裏面《りめん》で融通が利かない吉野町会長の下では「副町会長が悪人で助かっている点もある」との住民の声を、中野は拾っている。

戦後の著名人で喩えるなら、さしずめ吉野さんは丸山眞男で、竹内は田中角栄だろうか。欠点も含めてさまざまな種類の人間が、互いに不満や摩擦を抱えながらも「排除」だけは最後までしなかったことが、中野が属する共同体の強さにつながっていた。

これに対して八〇年近く経ち、新型コロナ禍なる「擬似《ぎじ》戦時下」にある私たちの現状は、どうだろう。

誰もがマスクをしているといった「見ればわかる」対策からしか安心感を得られず、人それぞれの体質や感受性の違いには配慮しない。ＳＮＳでも「自分への賛同以外はあり得ない」という態度で発信し、異なる反応を示すアカウントを見つけたら、集団で潰《つぶ》そうとする。

コロナでの過剰自粛に対する違和感を、人文的な教養に基づき発信した識者はごくわずかだ。対して、国民生活への影響が甚大な緊急事態宣言にはもろ手を挙げて同調しながら、たかだか「反体制的知識人」のメンツの問題に過ぎない安倍元首相の国葬にのみ強がって異を唱える面々の姿は、滑稽《こっけい》を通り越して哀れですらある。

なんとも情けない、終戦から七十七回目の夏。そんな時こそ、ほんとうの困難に立ち向かい、あるいは潜《くぐ》り抜けた人たちの姿が、静かに胸をよぎる。

（文春オンライン　二〇二二年八月一六日）

コンラッド『闇の奥』

1

二〇二二年ほど、「時間の流れ方」が不透明な一年はなかったように思う。

二月末から連日報道されたロシアとウクライナの全面戦争は、体感としてはあたかも数年間は続いているような気がする。一方で逆に、日本の街路でマスク姿の人しか見ないという奇観が、数え直せば二〇二〇年の三月から三年近く続いていることに気づくと、流れた歳月の長さに愕然《がくぜん》としてしまう。

時間の「長短」を把握する私たちの感性は、狂ってしまったのだろうか？　必ずしも、そうとは言い切れない。

重い病気でうなされる際に、人は時間が一瞬で流れるのか、永遠に停滞するのかも判然としない、人生のカレンダーが壊れたような感覚を味わう（福嶋亮大『感染症としての文学と哲学』光文社新書）。だから世界の全体が「病んでいる」時代には、均質なペースで年月を測《はか》れなくなるのはむしろ自然なのだ。

たとえば二〇二二年のウクライナ戦争の発生を、一九九一年末にソビエト連邦が崩壊して以来続いた、「帝国解体」のプロセスとして捉える見方がある（歴史家ドミニク・リーベン。英国*Economist*誌への寄稿の邦訳が、「クーリエ・ジャポン」で読める）。同時期に解体した旧ユーゴスラビアでは、一九九一〜二〇〇一年にわたる長期の内戦が続いたが、ロシアとウクライナとの間では同じものが「遅れてやってきた」と見るわけだ。

そうした視点に立てば、ウクライナをめぐる民族紛争は（狭義の戦争の形をとるかは別にして）すでに「三〇年戦争」になっている。今年の一年間には収まりきらない「長い戦争」の影を感じ取ることにも、ゆえんはあると言えよう。

一方で、行動規制からもワクチンの推奨からも撤退する例が目立つ世界の各国に照らせば、新型コロナウィルス禍はすでに「終わった些事《さじ》」だろう。それは一九五七年のアジア風邪のような、マニアックな医療史にのみ残る小事に過ぎず、「あんなものに、もう三年もかかずりあっているの？」と驚くのが正しい感覚だ（拙著『歴史なき時代に』朝日新書参照）。

私たちはいまもそれなりに、ことの「軽重」を感じ分ける身体性を備えている。しかしそれを機械的に、単に西暦何年から何年といった意味での「長短」と混同すると、間違えることがある。

そうした目で読むとき、ウクライナ戦争以降に改めて時代の古典となるだろう、一冊の小説がある。

2

僕は、彼女が、「時」の慰《なぐさ》みものにされない人間たちのなかのひとりであることを見てとったのだった。彼女にとって、彼の死は、「時」を超えて、ほんの昨日のことだったのだ。そして、その印象があまりにも強烈だったので、なんと、僕までもが、彼の死んだのがほんの昨日のこと――いや、今のこの瞬間の出来事に思えてきた。（藤永茂訳、三交社、一九四頁）

一八九九年が初出の『闇《やみ》の奥』の著者コンラッドは、民族的な出自から「ポーランド系イギリス人」として紹介されることが多い。しかし彼の出生地ベルディチェフは、今日の国境線に基づけばウクライナに属する。

冷戦下の記憶を持つ世代には、フランシス・コッポラ監督が直近のベトナム戦争を描いた大作『地獄の黙示録』（一九七九年。サイゴン陥落が七五年）の原作として、覚えている人も多い作品だ。だから、いま同作をウクライナ戦争に照らして読み直すのは、特に突飛なことではない。

小説版の『闇の奥』は本来、ベルギーの植民地だった中央アフリカのコンゴを舞台とした中編で、植民地会社の凄腕《すごうで》官吏として同地を支配するクルツ（先の引用文に言う「彼」）という、異様な悪漢の相貌を描いている。

クルツは当初、植民地の経営は「文明化、進歩化、教化の中心でなければならぬ」といった理想論を唱えて、利益優先の同僚たちに疎《うと》まれるほどの情熱家だった。しかし実務を執《と》るうちに威圧と暴力のみに依存した、人間不信とニヒリズムに基づく統治へと傾斜し、原住民を畏怖《いふ》させる一方で法を逸脱してゆく。

実際に当時のコンゴでは、ベルギー王レオポルド二世の私有地という形態をとったこともあり、強制労働のノルマを達成しない住民の腕を切り落とすといった、同時代の他の植民地に比しても異常なジェノサイドが進行していた。殺害された人数は、二〇年間で数百万人以上ともされる（藤永茂『『闇の奥』の奥　コンラッド・植民地主義・アフリカの重荷』三交社）。


さて、二〇二二年のいま注目されるのは、コンラッドがこのクルツに心酔する助手として、ロシア人の若者を登場させていることだ。

コンラッドの一家は父親のポーランド民族主義のために、ロシア帝国の迫害を受け、両親はともに流刑先で没した。しかしコンラッドはこのロシア人助手――（おそらくはロシア正教の）

首席司祭の息子を、むしろ危ういほど純朴な青年として描いている。

アフリカ分割競争の末尾に登場したベルギーのさらに後方に見える、欧州で「最も若い帝国主義国」としてのロシアの未来を、仮託した人物造形とみてよいだろう。

暴君と化したクルツはすでに病身で、会社による更迭《こうてつ》が迫っていた。没落の危険を感じたロシア人助手は、主人公にクルツの「偉大さ」をひとしきり弁じた後で、行方《ゆくえ》をくらます。

いまロシアに君臨し、諸外国はおろか自国民すらも内心では信じず、もっぱら軍事的な強制によってウクライナの「植民地化」を目指すかにも思われるプーチンは、この助手のその後の姿にも見えてくる。

実はコッポラに先んじること四〇年前の一九三九年、オーソン・ウェルズが『闇の奥』の映画化を企画して果たせなかったとき、クルツに擬《ぎ》したのは同時代の独裁者ヒトラーだった。眼前の固有名詞（戦争や独裁者の名前）こそ変われども、不変の「本質」を伝えてくれる作品のことを、私たちは長らく「古典」と呼んできた。

私たちが生きる二〇二〇年代の、「旬の話題」ばかりが入れ替わって、なにひとつ問題は解決しない軽薄さは、そうした現在の鑑《かがみ》としての古典との接し方を、私たちが見失ったことに起因する。

3

二〇二〇年春の新型コロナ禍の初期、国民を恐怖で威圧して相互の接触を八割削減させ、違反者を力で取り締まる「だけ」で危機は去るとする構想を、多くの日本人が歓呼で迎えた。そのとき私たちの内には確かに、科学の仮面をかぶった「小さなクルツ」がいたのである。

現下のウクライナ戦争でロシアを非難すべきは論を待たないが、単にＮＡＴＯの支援を受けた火力で圧倒する「だけ」で問題が解決すると考え、スポーツ観戦めいた戦術談義ばかりがメディアを席巻する時、そこにいるのもやはりクルツであり「裏返しのプーチン」なのだ。

目の前の問題の「専門家」として持ち上げられ、いまならいかなる発言でも好意的に報じられる立場に置かれると、どんな人であれ、内なるクルツが「私の提案にあらゆる力を委《ゆだ》ねよ。それで混乱は収まる」とささやきがちだ。

しかし、とうにピークの過ぎた旧統一教会のスキャンダルが再燃したのに乗じて、政府は「まちがった」宗教を撲滅し「正しく」個人の内面を善導せよと説いた面々となると、もはや卑小さの底が抜けた「クルツもどき」の類であろう。

季節もののように入れ替わるそれらのトピックスの「奥」で、いま、世界に通底している問題の本質とは、なんだろうか。

私たちのニヒリズムである。人や社会がもっぱら「強制力」に頼ってなにかを解決しようとするとき、そこには必ず、人間への最重度の不信がある。

『闇の奥』のなかで、最初にそうした悪夢へと堕《お》ちたクルツは、一時は思うままに権勢をふるったはずのこの世は「地獄（The horror）だ！　地獄だ！」と断ずる有名な台詞《せりふ》を叫んで、病死する。おそらくは、いずれプーチンが寿命を迎えるときも、同じだろう。

しかし一年以上の後、クルツの婚約者（先の引用文に言う「彼女」）と対面した主人公は、ついクルツの最期の言葉は「あなたのお名前でした」とする、美しいストーリーを語ってしまう。歴史修正主義のはじまりである。

二〇二〇年代の最初の三年間をめぐって私たちが語り継ぐべきは、科学の知見で疫病と戦火に立ち向かったといった、綺麗な話ではない。いかに「力による解決」ばかりが羨望《せんぼう》されるほどに、人間世界の相互不信がこの間深かったのかを、私たちは覚えていなくてはならない。

二〇二三年に幕を開けるのは、忘却と審美化の双方が直近の過去に襲いかかる、嵐の季節であろう。その中で正しく「歴史」の記憶を保ち続けられるかどうかに、それがまだ「役に立つ」のかどうかが懸けられている。


（ニューズウィーク日本版ＷＥＢ　二〇二二年十二月一六日　連載〈歴史もたまには役に立つ〉）

村上春樹『世界の終りとハードボイルド・ワンダーランド』

1

「ウクライナの戦線で一人のロシア軍の兵士が塹壕《ざんごう》を掘っている最中にそれをみつけたの。彼はただの牛か大鹿の頭骨《とうこつ》だと思ってそれをそのへんに放りだしておいた。そのまま事が済めば、そんなものは歴史の闇から闇へと葬られたはずなのだけれど」*1（上・二〇三頁）

ようやく世界の新型コロナウィルス禍に終わりが見えてきた二〇二二年二月二四日、ロシアが突如侵攻して始まったウクライナ戦争は、一年以上が経ったいまも終わりが見えない。宣戦布告なしの「特別軍事作戦」を自称し、数日でキーウのゼレンスキー政権を転覆するはずだったプーチンの思惑《おもわく》も、欧米諸国が支援する最新兵器でウクライナ軍を圧勝させようとする西側陣営の期待も外れ、泥沼の持久戦が続いている。

二〇一〇年代に語られた予測では、先進国は動員された兵卒が武力でぶつかり合う「古い戦争」から解放されるはずだった。今後生じる国際紛争は、サイバー空間の情報操作を通じて敵国民を誘導するハイブリッド戦争の形をとり（二〇一四年にロシアがクリミア半島をウクライナから奪取した際は、確かにそうだった）、やがてはAIを搭載したロボットやドローンのみが雌雄《しゆう》を決する「人の死なない戦争」へと移行する――そんな楽観論さえ珍しくはなかった[*2]。

実際に開戦を決断したプーチンは、首都への急襲と内通者のネットワークの一斉蜂起によって、ウクライナの統治機構が全土で瞬時に瓦解する電撃的な勝利を夢想した可能性がある[*3]。しかしその見取図はあっけなく潰《つい》え、むしろかつての二つの世界大戦さえ想起させる「限定全体戦争」とも呼ぶべき巨大な暴力が出現した。「「全体戦争」とは［ナチス・］ドイツの対ソ戦争のように敵国の政治・経済・国民を完全に破壊ないし支配することを目標とする戦争で……仮にプーチンがウクライナの独立を否定することを目的としているなら、第二次ロシア・ウクライナ戦争はまさにこれに該当しよう[*4]」。

そうした危機の時代に、さまざまな要因によって同戦争の当事国にはなり得ない、つまり狭義の形で「参戦」することはあり得ない私たちは、なにを考えるべきだろうか。

手がかりとなる現代の古典を、私たちは有している。冒頭に引いたのは、村上春樹の初期の代表作『世界の終りとハードボイルド・ワンダーランド』の一節だ（以下『世界の終り』と略記）。単行本が刊行された一九八五年にはまだソ連が健在であり、したがって引用に言う「ウクライナの戦線」もむろんロシアとウクライナの戦争ではなく、人類初の総力戦と呼ばれた第一次世界大戦の東部戦線を指している。

2

『世界の終り』は、「世界の終り」と「ハードボイルド・ワンダーランド」と題された二つのストーリーが、断章の形で交互に展開する特異な構成で知られる。「世界の終り」が、欧州の古城を連想させる幻想文学のような世界観を湛《たた》えるのに対し、「ハードボイルド・ワンダーランド」はSF的な設定に覆われつつも、同時代（一九八〇年代の高度消費社会）の日本で展開する世俗的なストーリーだ。

五分の一ほど読み進めたところで、「一角獣の頭骨」なるアイテムが二つの物語に共通して登場し、読者は初めて「世界の終り」と「ハードボイルド・ワンダーランド」になんらかのつながりがあることを知る。そして後者の――すなわち現代日本を舞台とするパートで、その頭骨の発見地として名指されたのがウクライナだった。

「世界の終り」の主人公の一人称は「僕」である。以前いた場所の記憶を持たない僕は、高さ七メートルの頑強な煉瓦《れんが》塀で囲まれた封鎖都市の図書館に通い、助手の女の子に付き添われながら、動物の頭骨に手を当てて内部に収められた「古い夢を読みとる」作業に従事している。

頭骨の中央に「角をもがれたあと」のような窪《くぼ》みがあったことから、僕はそれが街に生息する一角獣のものだと気づく（上・一一八〜九頁）。
一方で「ハードボイルド・ワンダーランド」の主人公は「私」だ。私は仕事の依頼人である生物学者の老人から正体不明の頭骨を託されるが、それを狙う闖入者《ちんにゅう》が自宅に現われる。私はやはり以下のような外観から頭骨を一角獣のものだと推理し、近所の図書館員の女性にナンパがてら（?）リファレンスを依頼する。

私は指の腹でくぼみの中をそっとなでまわしてみた。普通の骨とはちがう少しざらりとした感触があった。まるで何かが暴力的にもぎとられたような、そんなかんじだった。何か——たとえば角《つの》のような……。

角？（上・一六一〜二頁）

女子館員は二冊の蔵書をもって私のアパートを訪れ、性行為に及ぶものの私は勃起《ぼっき》できず、セックスに失敗する。彼女が読み聞かせる一冊は、アルゼンチンの作家ボルヘスの手になる『幻獣辞典』で、一角獣の角を男性器のメタファーとする西欧の伝承が紹介される[*5]（上・一九六頁）。
かくして『世界の終り』の主題は明白になる。それは暴力的な形で切除された男根（＝一角獣の角）、すなわち「喪われたマチズモ（男性らしさ）」をめぐる寓話《ぐうわ》だ。村上はそうした物語の原点として、ドイツ帝国とロシア帝国との激戦地となった第一次大戦下のウクライナを設定する。

3

女子館員が持参したもう一冊は、牧村拓《まきむらひらく》の訳になるバートランド・クーパー『動物たちの考古学』だった。もっともこれは架空の書籍をそれらしく登場させる、初期の村上春樹が好んだ洒落《しゃれ》で（牧村拓はMurakami Harukiのアナグラム）、つまりはすべてが村上の創作である。

『動物たちの考古学』にいわく、東部戦線でロシア兵に掘り出された一角獣の頭骨は、上官が「ペトログラード大学の生物学の大学院生」だったために同大の教授に鑑定され、論文も執筆された。しかしその過程で、上官の大学院生は「ブルジョワジー出身の将校」と見なされてロシア革命の渦中に「電柱に吊《つる》され」、彼が分析を期待した教授は「ユダヤ人だったので、トロツキーの失脚と同時にシベリア送りに」なり、最終的に鑑定を担当したペロフ教授も一九四三年に没して、当の頭骨は第二次大戦下の「レニングラードの攻防戦の最中に行方不明になって」しまう（上・二〇四〜二一〇頁）。

つまり男性器を引き抜かれた身体に見立てられた「一角獣の頭骨」の軌跡には、過酷すぎるほどの二〇世紀前半の男性的な暴力――戦争・革命・粛清の履歴《りれき》が刻まれている。ちなみに両親とも四一歳という高齢出産で一九五二年に生まれたプーチンは、記憶にすらない「兄」をレニングラード包囲戦の最中に亡くした過去を持つ。政界での栄達の契機も、ソ連崩壊後にサンクトペテルブルクへと再改称された同市で、副市長（一九九二～九六年）を務めたことである。[*6]

この周到な設定に照らせば、角を抜かれた後の一角獣の頭骨からメッセージ（夢）を読みとることを課される、「世界の終り」の静謐《せいひつ》な都市が意味するものは明らかだろう。それは『世界の終り』が世に問われた二〇世紀の後半、すっかり往年の戦禍の記憶をなくして生ぬるい平和を享受《きょうじゅ》する戦後日本、ないしは冷戦後期の西側の日常のメタファーだ。実際に「世界の終り」にはもう一つ、強く「去勢」を連想させるモチーフが登場する。

平穏だが外壁によって隔離された「世界の終り」の都市に入る者には、自身の影を自らと切り離さなければならないという規則があった。切断された影は、門番の見張る一画へと収容され、多くは一年程度で息絶えてゆく。都市の宿舎で僕の後見人を務める、元軍人で「大佐」の老人は、以下のように僕を教え諭《さと》す。

「ここのしばらくが君にとってはいちばんつらい時期なんだ。歯と同じさ。古い歯はなくなったが、新しい歯はまだはえてこない。……以前のものとこれからのもののバランスがうまくとれないんだ」（上・一七二頁。傍点は原文）

影を切り離し、見殺しにするとは、自らがともに歩んできた来歴――すなわち「歴史」をなくすことの比喩として理解できる。過酷さを孕《はら》む過去の記憶すべてが抹消されれば、人は「世界の終り」のように閉じた空間で、心地よく日々を送ることができるのかもしれない。かつての戦争では誰が加害者（ないし被害者）であり、いかなる暴力が振るわれたかといった怨恨《えんこん》や屈辱から切り離されて、眼前の生活の穏和さだけを追求できる。

しかしそれは、もはや自己を否定することと同義ではないだろうか？　実際に大佐は、僕が図書館助手の女の子に好意を持ち始めたと知るや、影を切り離された人間はやがて心も失うので、いかに求愛されてもそれに応じ得ないことを告げる。しかも、「あの子は物心つく前にその影をひき離されておる。だからかつて自分の中に心というものが存在したことすら覚えてはおらんはずだ」と（上・三四二頁）。

そして『世界の終り』の佳境《かきょう》でついに、交互に展開した二つの物語の関係が明かされる。実はユートピアともディストピアともつかぬ「世界の終り」の舞台設定は、「ハードボイルド・ワンダーランド」の主人公たる私の、深層心理に存在したイメージの具象化だった。

私はなんらかのトラウマによって、無意識の底に眠るブラックボックスの形で、「極端に自己の殻《から》を守ろうとする」内向的な世界観を抱え込んだ（下・一一九頁）。そしてSF的な事情のために、やがて私は意識の全体がその「世界の終り」のイメージに閉じ込められる脳死状態へと移行し、いわば私ではなく僕としてのみ生きる運命にあることが告げられる。

「優れた音楽家は意識を音に置きかえることができるし、画家は色や形に置きかえる。そして小説家はストーリーに置きかえます。それと同じ理屈ですよ。……そのタイトルは一人ひとりのブラックボックスのタイトルにもなりました。あんたのは『世界の終り』でしたな」（下・一〇六～八頁）

私が意識の奥底で「世界の終り」の静けさを欲した理由は説明されないが、ここまでの読解、およびキャリアの最初期から当時すでに「反時代的な主題」となっていた「中国への罪責感」にこだわる小説家だった村上の執筆歴を参照すれば[*7]、自ずと察せられよう。かつて国民戦争の形で日本が振るった暴力と、その破綻である。

4

「歴史を棄てる」という立場がモラルになることがありうる。

たとえばウクライナ戦争の正当化にあたってプーチンが掲げる、ロシアとウクライナは歴史的に一体として発展してきた民族だとする主張は、政治的な含意抜きの純粋な歴史認識としてなら、誤りとも言い切れない。[*8] ゼレンスキー政権を「ネオナチ」と呼ぶのは荒唐無稽《むけい》だが、第二次大戦中にナチスと提携してソ連からの独立を策したステパン・バンデラの末裔《まつえい》を自称するウクライナ・ナショナリストが、いまも存在するのは事実だ。[*9]

かつての記憶を甦《よみがえ》らせ、その系譜の上に自らを位置づけて生きることが怨恨と暴力を招き寄せるなら、過去をすっぱり切除して棄て去るのはひとつの解決策だろう。「世界の終り」の入城の儀式のように、自らの影を切り離して放置し、その後は去勢された一角獣の頭骨を撫《な》でて、安全な形でのみ内に秘められた夢を読んでいればよい。その代償として、「古い夢が僕に何かを物語ろうとしていることはわかっても、それを物語として読みとることはできなかった」（上・三七二頁）という結果しか、もはや生まれ得ないとしても。

実際に村上の小説から四年後の一九八九年に冷戦が終焉すると、同年に発表した論文「歴史の終わり？」でそれを予見したとされる政治学者フクヤマは、世界的なスターとなった（著書の形となるのは九二年。邦訳は三笠書房）。ソ連が掲げた共産主義の敗北により、米国型の自由民主主義の勝利が確定した以上、もはや弁証法的に（＝思想的な対立や格闘を通じて）歴史が発展する余地はない。逆に言えば、自由と民主主義が最初から「デフォルト」になった世界を、私たちはただ享受するだけでよい——「物心つく前にその影をひき離され」た、夢読みを手伝う女の子のような生き方ができるはずなのであった。

事実、一九九二年の二月二二日から翌朝にかけて——奇《く》しくもロシアがウクライナに侵攻するほぼちょうど三〇年前に、村上春樹の諸作品をめぐって高野山の宿坊で開かれた討論会の記録が残っている。最も聴衆の反応が生々しいのは当時、気鋭の社会学者だった橋爪大三郎の以下の主張が、衝撃を与える瞬間である。

橋爪　もしね、「おまえは誰なんだ」ということに答えようとするならば、僕が誰かということを言うのは規定性なんですよ。つまり、何月何日に生まれたとか、何人《なにじん》だとか、こういう階級に所属しているとか、こういう教育を受けたとかですね。……［しかし］ルールのミニマリズムというのは、それをできる限りたくさんひっくり返すことなんですよ。自分の初期条件をどれだけ無化できるかということ。……だから僕が何者かわからなければ、わからないほどいいんです[*10]

この発言を誘発したのは並んでパネリストを務めた加藤典洋らの、おまえはいかなる実存を持ち、それに基づいてどう行動するのかとする——七〇年安保と呼ばれた全共闘の季節には一般的な問いかけだった。そうした問いをむしろ「どれだけ無化できるか」こそが重要だとする橋爪の回答を受けて、加藤は自身のような「野暮《やぼ》な問いを遠慮させる」タイプの「抑圧」の方が、九二年の現在は普遍的になってしまったと嘆息している。

橋爪はその名を出していないが、ここで説かれているのは米国の哲学者ロールズが『正義論』〔邦訳は紀伊國屋書店。二度出ており訳者が異なる〕で説いた現代リベラリズムの基礎となる構想（無知のヴェール）だろう。いかなる人にとっても公正な社会のルールとは、誰もが「あなたが何者か」ということを一度忘れて――影を切り離された状態で選択されたものに等しい。後にロールズを（ある程度まで「影」を取り戻させる方向で）修正したローティに倣えば「リベラル・ユートピア」とも呼ばれるだろう空間を、冷戦の終焉に先んじて文学的にスケッチしたのが、村上が描く「世界の終り」だったと言えなくもない。

そのロールズの『正義論』の原著刊行は一九七一年であり、つまりアメリカでは冷戦時代の半ばから、「歴史なき社会」への構想は練り始められていた。逆に当時、米国と同様にベトナム反戦や学生運動の急進化を見たはずの日本では、そうした着想はポスト冷戦を迎えるまで、明示的に説かれることがなかった。[*11] そして二〇二〇年代のいま、私たちが目にしているのは、歴史を棄てることで誰もが自然に「世界の終り」の平和な静けさへ移行できると謳《うた》ってきた、かつての甘美な幻想の「終わり」である。

5

「世界の終り」の僕に対して、「俺はあんたの記憶のおおかたを持ってはいるが、「独力では」それを有効に使うことはできない」と訴える影（下・七四頁）――棄てられた歴史は、この封鎖都市の平和は偽《いつわ》りのものだと否定し、脱出して歴史ある世界へと立ち戻ることを説く。説得された僕は軟禁下にあった影を救い出すが、しかし物語の最後に態度を急変させ、影だけを都市の外へと帰し、自らは影の記憶を棄てきれなかった人が都市の中で暮らす場（悪所として忌避されている）としての「森」に留まることを選ぶ。

小説の中での「森」の存在感が必ずしも大きくないため、この結末は若干唐突であり、作品の瑕疵《かし》として批判されることも多い。脱走を促す影には、都市が一角獣を犠牲にして豊かさを貪《むさぼ》っていると暴露した上で「いいかい、弱い不完全な方の立場からものを見るんだ。獣や影や森の人々の立場からね」と説く台詞もあり（下・二六三〜四頁）、この影の主張を、「熱い戦争」が続いた冷戦下の第三世界が先進国に寄せる糾弾へと自己を同一化させてゆく、一九七〇年前後の新左翼の思想として捉える読解は長く一般的であった。

たとえば冷戦終焉直後の九〇年初夏に行われた鼎談《ていだん》で、笠井潔《きよし》は村上が全共闘的な「二十年前の自己目的化された代理糾弾運動」と決別するのはよいにせよ、あまりにも影の造形が戯画《ぎが》的で「批判者の位置を作為的に貶める」形になっていると苦言を呈した。[*12] 東日本大震災を踏まえた二〇一一年の著作でも、宇野常寛《つねひろ》は村上が同作で「「革命」といった能動的な自己実現としてのコミットメント」の不可能性を自覚していた点を評価しつつ、それに代わるイメージを今日まで具象化し得ないことを批判している。[*13]

これらの視点は『世界の終り』が一九八五年の刊行時に立っていた位置を知る上で、いまなお有益だろう。しかし二〇二二年のウクライナ戦争は、戦後日本におけるそうした創作と批評の蓄積を、根底から覆《くつがえ》す形で私たちに襲いかかる。

ソ連崩壊によって分断された国境線の所在を否定し、キエフ・ルーシ以来の民族の再統一を掲げて侵攻を開始したプーチンのロシアが、いわば「我々は歴史を棄てない」とする宣言とともに、冷戦後の世界秩序に挑んでいることは明白だ。一方で、総力戦を厭《いと》わず抗戦するゼレンスキーのウクライナが訴えるのは、自由と民主主義の勝利は自動的には訪れず、能動的に主体性をもって摑《つか》み取るしかない。西側陣営は、そうした進歩史観に則って戦うウクライナを最後まで支える覚悟があるのか、という問いである。

開戦から一年を超えてなお、勝敗の行方や停戦への道のりはまだ見えない。平和だった冷戦下のわが国で是《ぜ》とされた「中立」の理想――限りなく「世界の終り」の安寧に近い立場を脱して、日本人の多くはウクライナ側に立ってのコミットメントを支持しているが、しかしそれが今後とも永続する時代の転換なのか、単に一時的な熱狂に終わるのかも、結論を出すには時期尚早だ。[*14]

むしろ私たちの目にはいま、歴史を棄てるというモラルを冷戦の晩期に示した『世界の終り』の大佐の言葉が、かつてなく激しい痛みをもって響く。はたしてそれは、やがて終戦後のロシアやウクライナにも届くものになり得るだろうか。たとえばそれを考えることを、この新しい古典としての小説は、二〇二二年以降の読者に促している。

「硝煙《しょうえん》や血の臭いや銃剣のきらめきや突撃のラッパとかのことは今でもときどき思いだす。しかし私は我々をその戦いに駆りたてたものをもう思いだすことはできんのだ。名誉や愛国心や闘争心や憎しみや、そういうものをね。君は今、心というものを失うことに怯《おび》えておるかもしらん。私だって怯えた。それは何も恥かしいことではない。……しかし心を捨てれば安らぎがやってくる。これまでに君が味わったことのないほどの深い安らぎだ。そのことだけは忘れんようにしなさい」（下・二二二〜三頁）

＊1　村上春樹『世界の終りとハードボイルド・ワンダーランド　上』新潮文庫（新装版）、二〇一〇年（単行本は一九八五年）、二〇三頁。以降、同作品に関しては本文中に頁数を附し、注記を略す。

＊2　東浩紀・小泉悠「ロシアは絶対悪なのか」小泉悠『ウクライナ戦争の２００日』文春新書、二〇二二年、一六〜二一頁（初出『文藝春秋』同年七月号）。

＊3　小泉悠『ウクライナ戦争』ちくま新書、二〇二二年、二一二頁。

＊4　同書、二一六頁。戦争名に「第二次」とあるのは、二〇一四年のクリミア・ドンバスへの軍事介入を「第一次ロシア・ウクライナ戦争」と位置付ける小泉氏の視角による呼称。

＊5　村上はレオナルド・ダ・ヴィンチへの言及から引用するが、ボルヘスによれば四世紀頃に成立した「ギリシアのフィシオロゴス［博物学］」にも同じ指摘があるという。ホルヘ・ルイス・ボルヘス『幻獣辞典』柳瀬尚樹訳、河出文庫、二〇一五年（原著一九六七年。村上が利用した日本語訳の初版は七四年）、三三〜三四頁。

＊6　佐藤優『プーチンの野望』潮新書、二〇二二年、六〇～六五頁。なおプーチンは、最終学歴もレニングラード大学法学部卒である。

＊7　加藤典洋『村上春樹は、むずかしい』岩波新書、二〇一五年、五〇頁。加藤が分析するのは、デビューの翌年が初出の短編「中国行きのスロウ・ボート」（一九八〇年）。

＊8　小泉、前掲書、六七頁。

＊9　林志弦『犠牲者意識ナショナリズム　国境を超える「記憶」の戦争』澤田克己訳、東洋経済新報社、二〇二二年（原著二〇二一年）、二四五頁によれば、「2013～14年にウクライナで……腐敗した親露派政権に対する抵抗運動の参加者は自分たちを「バンデラ派」と呼」んだ。佐藤、前掲書、二二五～二三〇頁も参照。

＊10　加藤典洋ほか『村上春樹のタイムカプセル　高野山ライブ1992』而立書房、二〇二二年、二四八頁。

＊11　拙著『平成史　昨日の世界のすべて』文藝春秋、二〇二一年、はその帰結を論じた書物としても読める（特に三二一、一二〇、二六二頁）。

＊12　笠井潔・加藤典洋・竹田青嗣『村上春樹をめぐる冒険』河出書房新社、一九九一年、六四～六五頁。

＊13　宇野常寛『リトル・ピープルの時代』幻冬舎文庫、二〇一五年（単行本は一一年）、八九～九〇頁。

＊14　小泉悠・與那覇潤「今も続くロシアの「いちばん長い日」」『Ｖｏｉｃｅ』二〇二三年七月号、一一九～一二〇頁（本書に収録）。

（倫理研究所紀要三二号　二〇二三年八月）

ル・カレ『ティンカー、テイラー、ソルジャー、スパイ』ほか

ロシアのウクライナ侵攻を機に、ポスト冷戦と呼ばれた時代が完全に幕を下ろした。「冷戦期よりも民主主義の国が増えて、平和なムードに包まれ、よりよい世界になる」。そう信じられた多幸症《ユーフォリア》の季節が終わった。

拙著『平成史　昨日の世界のすべて』（文藝春秋）でも詳述したが、ポスト冷戦の空気が暗転したのは、一九九七年のアジア通貨危機が契機。つまり、ベルリンの壁崩壊（八九年）の後のキラキラしたムードは賞味期限が一〇年足らずで、消費期限も三〇年強だったことになる。プーチンがロシアで実権を握るのが九九年末で、チェチェンの独立運動を武力一辺倒で圧殺したやり方のまま、今日のウクライナ戦争まで来ている。

冷戦終焉の直後は、勝利した西側の自由民主主義が人々に「納得できる秩序」を提供するかに見えた。資本主義への不満は絶えず、格差も生じるが、「トータルで見れば他の体制と違って、そこそこしっかりしてるんじゃないの」と。しかしその輝きが薄れると、世界各地で「現

在の世の中は不当、不条理だ」とする感覚が高まり、さまざまな原理主義が台頭する。
原理主義を駆動するのは、「いま、目の前にある世界を全否定したい」という欲求だ。特に非西欧圏では、おのおのの伝統に回帰し「西洋化した現在の秩序は偽物で、こっちが本物だよ」と呼びかけることで、人々を動員しやすい。

冷戦の後半、一九七〇年代には「米国の資本主義もソ連の社会主義もロクなものではなく、「本物の秩序」なんてどこにもない」とする感覚が広がっていた。それが原理主義を抑えていたのだが、八九年に西側が一方的に勝利し、バランスが崩れてしまう。ソ連時代の勢力圏再建を目指すともされるプーチンの思想は、いわば「ロシア原理主義」で、冷戦の敗北に対する復讐なのだろう。

七四年に出版されたジョン・ル・カレの『ティンカー、テイラー、ソルジャー、スパイ』（ハヤカワ文庫。映画『裏切りのサーカス』の原作）では、英国の諜報部員がソ連の工作員に「どうせ資本主義も社会主義も偽物なんだから、イデオロギーに人生を懸けることはないだろう」と亡命を呼びかける。しかし彼はソ連に帰国して粛清を潜り抜け、情報機関のドンに成り上がる。KGBの出身で、いま再び西側への挑戦者となったプーチンを予言したとも読める。

福嶋亮大《りょうた》『ハロー、ユーラシア』（講談社）は中国の事例を中心に、ロシアも含めたユーラシア大陸で原理主義的な思潮が勃興《ぼっこう》する様子を描く。二〇一〇年代には中国の習近平、トルコのエルドアン、インドのモディらが強権を振るい、それぞれ中華主義、イスラーム、ヒンドゥー・ナショナリズムへの回帰を進めた。特にトルコとインドは、冷戦下ではむしろ社会の「世俗化」を目指したので、大きな逆転だ。それくらい「西洋近代なんかクソ食らえ。うちにはうちのやり方がある」とする気分が、各地で高まっている。

原理主義化をどう回避するか。「いま」敵に見える勢力と戦うために、この思想に帰依《きえ》しろと迫られると、しばしばフェイクを摑まされる。本当の伝統とはもっと長い「時間の幅《はば》」を持つ大らかなもので、その厚みを感じとるためにこそ読書が必要になる。日本人にとっては、たとえば柳田國男の『先祖の話』(角川ソフィア文庫)が有益だ。

柳田は敗戦の直前に筆を起こし、焦土からの再出発の際に日本人が保《たも》つべき時間感覚を論じている。自分の死後にも「家」が続くという発想――すなわち個人の人生を超えつつも、安易に国家と自己とを一体化させない生活のリズムを、取り戻すよう訴えた。

本来の日本人の死生観では没後、どこか遠くの理想郷へと昇天するのではなく、「家」の祖先の霊と融合して地元に残るのだとする主張は、仏教を批判しつつ、靖国神社に象徴される国家神道的な発想とも距離を取っている。危機の中でも原理主義を煽らず、たしなめる筆致が印象に残るはずだ。

小川さやか『チョンキンマンションのボスは知っている』(春秋社)が描くのは、現代香港の巨大雑居ビルに住むアフリカ系零細商人の日常。不法滞在も多く、住民の入れ替わりも激しいから、柳田が描く「家」のように安定した共同体は存在しない。

しかし彼らは「いま、目の前」に困窮する仲間がいたらとりあえず助け、返礼は将来自分が困ったときに、誰か別の人から貰《もら》えばよいと割り切っている。そうしたドライさゆえの相互扶助もまた、原理主義を発生させないやり方だ。

その場しのぎ的な「分配」は軽んじられがちだが、国家が行う「再分配」と異なり、強い権力やイデオロギーを必要としない。『平成史』では日本人が共有する歴史観を失ってゆく過程を描いたが、この本は「歴史を欠き、いましか見えなくても、原理主義に陥らない」方法を教えてくれる。

『私のロシア文学』（文春学藝ライブラリー）は東日本大震災の年に、著者の渡辺京二氏（日本史家。二〇二二年十二月没）が開いた私的な読書会が基《もと》になっている。ロシアの近代小説では「西欧化」に憧《あこが》れて挫折し自棄的になる男性と、「よきロシアの伝統」を担うかのような逞《たくま》しい女性とが、出逢いやすれ違いを演じることが多い。

両者のうち片方だけを讃えると、それはもう文学ではなく、プロパガンダになってしまう。その意味で文学とは本来、原理主義から最も遠い存在だった。いまはプーチン支配一色に染まるロシアにも、そうした豊かな伝統がある。

概観的な歴史書も執筆したプーシキンは、しかし小説で歴史を描く際はむしろ徹底して、

「巻き込まれた個人」の視点にこだわったという。時代の空気に呑まれない個の力が、文学には宿っている。

（週刊東洋経済　二〇二二年四月三〇日・五月七日号　構成・堀川美行）

第二部　読書が自分をつくる

思春期の入り口で　——寺村輝夫『消えた2ページ』

思い出に残る読書は、ワクチンに似ている。

触れずにすめば一番だが、いつかは社会で出くわす負の要素を、希釈した形であえて体内に入れる。「悪《あ》しきもの」に身体をなじませて飼いならし、ハードな現実を生きのびるための免疫をつける。

寺村輝夫さんはいまも定番の児童書「王さまシリーズ」の作者で、小学生のとき何冊も愛読した。偉い人なのに妙に子どもっぽい王さまと、振り回される家臣たちのコメディが、優しい絵柄の挿絵《さしえ》とともに展開される。

しかし番外編にあたる『消えた2ページ』（理論社）では、そんな童話の裏に隠された社会の毒が語られる。いけない景色を覗《のぞ》いてしまったような、思春期の読後感は忘れがたい。

小学生の主人公・友太《ともた》が手にする王さまシリーズの新刊は、なぜかすべて特定の2ページが切り取られていた。謎を追う友太はいつしか、同書の作中世界へと迷い込む。

そこで目にしたのは、王さまの「わがまま」を暴力で矯正《きょうせい》しようとする家臣団と、逆襲する王さまの報復の応酬。2ページの削除は家臣たちが行った、いま風にいえば「政治的な正しさ」のための作品改変だったのだ。

両者の対立に翻弄される中で、友太は、自分の本心を押し殺すほど優等生として扱われる、学校という「正解がある社会」の矛盾に気づいてゆく。

純真な王さまの童話にも舞台裏があるように、どんな世界でも人は「正しさ」という仮面と、それに対してもやもやする実存とを抱えて生きる。本書を読んだ後では、そうした二重性を含まない文章はなんであれ、ぼくにとって色あせてしまった。

もし医学上のワクチンが、消えない後遺症を残すなら薬害だ。しかし「読むワクチン」に限っては、残りの人生を変えられるくらいの方がいい。

終幕で友太は学校の図書室を出て、行く手の見えない濃霧へと漕《こ》ぎだす。優等生が掲げる「正しい世界」の見通しに反して、その霧はいまもぼくたちを覆って離さない。

（共同通信　二〇二三年三月三日配信　コラム〈読書日和〉）

コロナ禍 酔いどれ天使

1

コロナのおかげで外飲みが趣味になった。

もちろん一人にせよ友人とにせよ、外食店で飲むことは普通にあったが、新しい楽しみ方ができた。テイクアウトとお酒を合わせて、晴れた日の公園でのんびり楽しむのである。

はじまりは、二〇二〇年四月の緊急事態宣言だった。ランチタイムも含めてばたばたと飲食店が休業になり、急遽《きゅうきょ》、店頭での弁当販売に切り替える例が多く出た。前から使っていたお店、気になっていつか入ろうと思っていたお店にも、そうしたところが多い。

ふだん運動のために通っていた隣駅《となり》の公営プールはこのとき、当然休業だ。だから健康維持のためにも、逆方向にやっぱり一駅歩いて、目についたお店で一皿買う。もともとはプール通いの際と同じく、麦茶をつめて持参した水筒で楽しむはずだった。

いつもなら賑《にぎ》わうはずの場所に、誰もいない。

孤独に弁当をがっつき、お茶を飲む。沈黙が支配する空気の中で食べていると、心のなかで黒い渦《うず》が徐々にとぐろを巻き始める。


どう考えても、変じゃないか？


わずか一か月と少し前、二月末に安倍晋三首相が「全国一斉休校」の要請を出したとき、世論の反応は冷淡だった。とりわけ有識者ほど——なかでも政権に批判的な人びとがいちばん、「どれだけ現場が混乱すると思ってる」「共働きで子育て中の世帯の事情を考えろ」と、叫ぶように非難の声を上げていた。

ところがいまや、同じ人たちがくるりと手のひらを返して、「自粛は当然」「宣言を出すのが遅すぎた」「外出・外食は控えろ」の大合唱だ。学校ないし育児の現場だけが同情に値《あたい》し、飲食店にいきなり「弁当屋とデリバリーで生活しろ」と命令するのは、しごく当然のことのように思っているらしい。

学校といえば、大学で教えている同世代の面々も変だ。

勤めを辞めて無職のぼくより、ふつうに考えて彼らの方が収入は多いだろう。それだけ生活が安定している分、こうした社会の危機に際しても気持ちを落ち着けて、冷静に情報を吟味《ぎんみ》したうえで発信してくれてもいいはずだ。

そんな彼らがすっかりワイドショーの煽りに乗り切って、SNSでは自粛自慢のオンパレード、どれだけステイホームに貢献して「自分が」偉いかという話しかしていない。逆にまだ赤字は出していないけど、いつ無収入になってもおかしくないフリーのぼくのほうが、街の飲食店を心配して、隣駅の公園まで弁当を食べに来ている。


おかしい。絶対に、おかしい。


ひょいと視線が泳ぐ。ご存じだと思うけど都心部の公園の近くには、コンビニが多い。

――たまらなくなって、ついふらふらと入ってゆく。最初に買ったのはたしか、三五〇㎖の短い缶のほうかな。

うまい。真昼に誰もいない公園の緑の中で、自分だけが貸し切っている風景が、いい感じにほろ酔いで色づく。

これは、やめられないね。次の日からは水筒は家に置いて、最初から五〇〇㎖のロング缶でたっぷり、この時間を楽しむことになった。

2

「共感格差」という概念があってもいいように思う。

誰もがコロナ禍にさらされる社会の一員だけど、あきらかにそこで配分される共感には格差がある。緊急事態宣言下ではついに、国や自治体が音頭《おんど》をとって「みなさん、医療関係者に感謝しましょう」とやり出した。

「#フライデーオベーション」なるハッシュタグや、お寒い官製感動イベント（市役所の職員が拍手するなど）の動画をSNSに嬉々としてアップし続けた人たちのことを忘れまい。それは思考が麻痺したとき、人間がいかに愚《おろ》かになれるかの見本だからだ。

あたりまえだけど、ぼくだって医療関係者に感謝していないわけはない。そうではなく、特定の職種の営みだけが「共感すべき対象」として政府に指定され、メディアが総ぐるみで持ち上げる事態がおかしいと言っている。

どうして自分が「なにに共感するか」を、公権力に指示されないといけないのか？

全然知らないお店だけど、タイ料理店の前に出ていた屋台でパッタイを買った。見るからに東南アジア系の女性の店員さんが、涙目っぽい感じで呼び声をかけていたからだ。

お店はちょっとごみごみとした雑居ビルの地下で、看板から察するにたぶんバーみたいなスタイルだと思う。法的に「接客をともなう」業態かは知らないけど、ひょっとしたら店員さんとの会話も込みで楽しむタイプのお店かもしれない。

勤め先のクリニックがにわかにコロナ病棟になって、勤務環境が激変したお医者さんや看護師さんに対しては、ほんとうにお疲れさまだと思う。おなじように、夜勤の店員さんが真昼に屋外《おくがい》で売り子をしていたら、あまりにかわいそうだ。だったらせっかくだし、役に立ってあげたい。

「小僧の神様」の時代と違って、路上で寿司を握ったり蕎麦を茹《ゆ》でたりするのは昨今むずかしいから、弁当の露店を出すお店は洋食かエスニックが多い。だから春に一番あわせたお酒は、五〇〇mℓのジムビーム・ハイボール。バーボン特有の甘くてとろんと来る感じが、味つけのはっきりした料理にはだいたいあう。

パッタイも、うまい。大きめの海老は少ないが、細かい干しエビをたっぷり使っているタイプで、つまんではお酒を流し込むと最高のマッチングになる。

ステイホームでも楽しめるって?　バカ言っちゃいけない。コロナでゴーアウトして「公園飲み」をしなかった人は、率直にいって人生を楽しめない人じゃないかな。

しかし不思議なんだけど、木が植わって若干でも「自然」を感じる環境ではどうしても飲みたくなるのに、コンクリートが打ちっぱなしで人工的な「スペース」の場合は、いまいちアルコールの気分にならない。たぶん身体的な緊張を、弛《ゆる》ませまいとするなにかを感じるのかもしれない。

だから後者に陣取るときはマクドナルドのセットを買って、アイスコーヒーをゆっくり啜《すす》る。公園に比べると「オフィス街」の只中《ただなか》にあるだけあって、まばらながらに、他にも腰かけて一息入れている人たちが映る。

ちょっと疲れてるのかな、という年長のおじさんが近くに座り、スマホでプレイした音楽が大きく響く。ついイヤホンをし忘れたのか、この空《す》き具合ならいいだろうと思い切って鳴らしたのかはわからない。

なんと曲目は、ユーミンの「やさしさに包まれたなら」。

ふと、笑みがこぼれそうになる。もちろん、侮蔑《ぶべつ》や嘲笑の意味じゃない。絵にかいたような非日常にぴったりのBGMが、どこにも演出家がいないのにふっと実現してしまった、そうした偶然がもたらすちょっと諧謔《かいぎゃく》的で、心地よい笑いだ。

3

五月に入って緊急事態宣言が延長されると、さすがに経済への悪影響をはじめとした副作用を問題視する声が高まってきた。それはそうだろう。

宣言期間中、政府顧問のような顔をした学者が「人出が十分減っていない」と連呼し続けたにもかかわらず、（実は宣言が出る前の三月末から）一直線に新規感染者数は減少した。雨脚《あまあし》が弱まってから晴天を乞う祈祷《きとう》を始めれば、知識のない人には「魔術で空を晴れさせた」ように見えるかもしれないが、わが国の専門家の水準はその程度だったわけだ。

宣言延長の方針が報じられたゴールデンウィークのころから、持ち帰りのみでなく「店を開ける」飲食店も増え出したが、これも当然のことだ。解除を見越して購入した食材には期限があるのに、後出しで「やっぱり休み続けてください」などとは、現場を知らない人間の寝言である。

遊具には使用禁止のテープが巻かれたままだが、近所の公園にもちらほらと親子連れが戻ってきた。ドリンクなしのテイクアウトが安いロッテリアのセットを持ち込んで、ベンチでハイボールを開ける。面白いもので、トリスは九パーセントの濃いめ、角ハイは七パーセントの標準の缶のほうがうまい。

つくづく不思議だったのは、こうなっても世論調査等では、まだまだ「宣言延長」を支持する声が強かったことだ。

そうした人びとをデータが読めない「バカだ」と切りすてると、たぶん大きなものを見失う。たとえフェイクでも「危機がもっと続いてほしい」と思う人が、ここまで多いという事実じたいが、この社会が抱える病理の症状なのだと思う。

二〇一〇年代の一〇年間は、「ネガティヴになりにくい」時代だった。

二〇〇九年に大きな期待を背負って発足した民主党政権への失望は早かったが、一一年に震災が起こるや、デモで原発を止めれば日本は変わるといった「新たな希望への煽り」が世相を席巻した。それが一二年末に返り咲いた自民党の第二次安倍内閣が軌道に乗るや、今度はアベノミクスで景気が回復すれば「すべてうまくいく」へと切りかわる。

あたかもラベルだけ貼りかえて、延々と精力剤を飲まされ続けるような一〇年間だ。事実、民主党政権下ではリベラルな市民参加をうたいながら、政党名もビールの銘柄も大差ないやとばかりに乗りかえて、安倍官邸や自民党の部会に食い込み、分け前にあずかっていった識者も多い。

その種の人たちの特徴は、なんでも「キラキラ」させることだ。

たとえば子育てがうまくいかずに「困っている人がいます」とは、言わない。両親とも一流企業の正社員で、当然フルタイム、しかし保育所とベビーシッターが「シームレス」にサポートするから一切苦労なく、笑いの絶えないパーフェクト・ファミリーを実現……といった明るい「プレゼン」で、補助金をとりつける。ネットワークビジネスのPR誌のような「成功者感」を想像してもらえばいいだろう。

じっさいに成功者として彼らを取り上げる、TV番組やネットの動画も多い。興味深いことにそこでは、ドキュメンタリーとプロパガンダの境目《さかいめ》がすーっと消えている。スーパーエリートにも「意外と人間臭い部分がありますよ」ではなく、プライベートまで含めてひたすら「超人感」だけが演出される。

言ってみるならかつてのソ連邦の労働者映画の、起業家・コンサル版だろうか。そうした文化の形態を、ぼくは内心「資本主義スターリニズム」と呼んできた。ひとことで言えば単に鬱《うっ》陶《とう》しく、しかし同調圧力ゆえに反論が許されない動員の様式にすぎない。

それがコロナで、壊れた。

いまや、「エコに優しくダイバーシティの基礎になる」と称して売り込まれてきたオリンピック・パラリンピックに対し、「うまくいくとは思えない」と声を上げるのは容易だ。やっと自分が多数派だと安心して、負け組扱いされる不安から解放されつつ、「この社会は根本的におかしい」と口にすることができる。

ただしそのためにはコロナが、未曽有《みぞう》かつ修復不可能な大災害であってくれなければ困る。そんな歪《ゆが》んだ社会の本質が、ちらと垣間《かいま》見えてはいないだろうか。

肉厚のチーズバーガーをハイボールと合わせながら、ようやく外で遊べるようになった親子連れを眺める。コロナ禍が露呈させた共感格差と、資本主義下に再生したスターリン様式とが結合すれば、さしずめ公園を使えるのは六歳以下の児童を伴う家族だけで、「不要不急」の単身者は追い出せということになるのだろうか。

そんなアフターコロナは、いやだな。

4

夏には少し、怖い体験をした。

最初の緊急事態宣言は、五月下旬にすべての県で解除された。七月ごろからメディアを賑わせた感染拡大の「第二波」も、大した規模にならずに収まっている。むしろ日増しに強まる猛暑のほうが、熱中症を考えればよほど健康被害を出しそうだ。

にもかかわらず政府や専門家たちは、屋外での「不要不急」のマスクは外そう、とはアナウンスしない。


昼前にスーパーに立ち寄ると、店頭に人が溢《あふ》れている。見ると、とっくに開店済みのはずの店内は照明が落ちて真っ暗、入り口の自動ドアも半開きだ。おそらくは、冷房／冷蔵機器のオーバーヒートによる停電だろう。

土地柄《がら》、日中のスーパーに足を運ぶ買い物客には地元の高齢者が多く、みな暑いさなかにマスクをしている。停電の背景にも、煽られたコロナの不安による「過剰換気」があったかもしれない。なんでこんな目に遭《あ》うんだよ、といった静かな苛立《いらだ》ちが立ちのぼり、不穏な空気が漂っているのが、わかる。

学生のころ、繁華街で通り魔が取り押さえられる現場に居合わせたことがある。正確には異様に分厚い人の円陣ができていて、なんだろうと思ったら、後に報道で事件のあらましがわかった。ただ傍《かたわら》を通りぬけたときの、これから何が始まってもおかしくない「嵐の前」の不気味さは、ちょっと忘れがたい。

あのとき「ぶち殺せ！」と誰か叫んでいれば、きっとスクラムを組む人びとは犯人への私刑《リンチ》を始めたと思う。同じようにいまも、「ふざけるな。やっちまえ！」と自動ドアをたたき割る人が出れば、なんとなくみんな店内に乱入して、買おうとしていたものを持ち出してしまうんじゃないだろうか。

幸いにもそんな事件は起きず、自宅に帰って編集者に顚末《てんまつ》をメールで送る。『マイライフ・アズ・ア・ドッグ』という古いヨーロッパ映画があったけど、コロナではもはや「マイカントリー・アズ・ア・レバノン」かもしれませんね、との返事が届く。

——はたと手をとめて、しばし思う。日本をレバノンにしていない「ファクターX」があるとしたら、それはなんだろう？

夏にいちばんプルトップを開けたお酒は、ストロングゼロのサイダーサワーになった（季節限定）。ラムネ味はほかの銘柄も出しているけど、これがいちばん、コロナで今年は開けなかった地元の祭りの味がする。

それはヒントになるんだろうか。もう少し、考えながら過ごしたい。

5

木枯《こが》らしが吹く秋葉原のテラス席で、ビームハイのジョッキを飲むことになってしまった。

寒い。

ことの始まりは一〇月からスタートした、飲食店支援のＧｏＴｏイートだ。もともと予約サイトでお店を探すのは慣れているから、国のお金でポイントがつくなら利用しない手はない。肌寒くなる季節にやっと公園を卒業して、店で飲める。

ところが困ったことに、全品が約三〇〇円均一の居酒屋チェーンで一杯だけドリンクを頼み、一〇〇〇円分のポイントを付与してもらう輩《やから》が続出した。対策として多くの店が、なぜか「一人客」の利用を規制し始め、人数欄《らん》で「１名」を選択すると予約を入れられない例が増えていく。

もう少しソフトに、一人客の場合はコース利用しか選べない、予約でとれる席がテラスのみになる、といったやり方を導入した店もあった。そんなことに知恵を使うほうもおかしいし、意地を張ってほんとうにテラスで飲んでいる自分もどうかとは思う。

しかしこの問題、掘り下げると根が深い。

発端となったチェーン店は、客席のタッチパネルですべての注文を受ける方式だった。生身の店員相手にドリンク一杯だけオーダーして、店を出るのは勇気がいるが、これなら自販機で一缶買うのと同じだということで、不届き者に目をつけられたわけだ。

人と人とが向きあう、ということが、どれほど不正の抑止効果——より肯定的にいえば、モラルすなわち人倫の育成と維持に貢献しているかを、この挿話は教えてくれる。

コロナ禍のだいぶ前から、物事は人間を介さず「テック」（技術）で解決しようとうたう風潮が、IT起業家まわりから発信されていた。彼らは緊急事態宣言下でもなかば嬉々《きき》として、いかにリアルな対面じたいがもう不要かを説き続けたが、その結果がぼくたちの税金を原資とする「バーチャル食い逃げ」だったわけだ。

逆に問い返すと、なぜそこまで人間どうしで秩序を築きあげることを忌避し、技術という迂《う》回路《かいろ》に逃げこむのだろう。そこにあるのはニヒリズム、「他の人を信用して託せないから、技術的に不可能にすることで規制しよう」という相互不信ではないだろうか。

一人客が不正を働く、という先入見だって、よく考えれば変な話だ（むしろ愚連隊《ぐれんたい》めいた集団ノリでのほうが、「みんなで渡れば怖くない」でやらかしがちなことは、社会経験があればわかる）。個人というものの本質をきわめて低く見積もる人たちが、「どうせ説得は無理だから技術しかない」と売り込み、実装されたテックがかえって人間のいやな部分を引き出して、裏をかく形で悪用されていく。

とんだマッチポンプである。ほんらい社会的に封じ込めるべきは、無症状者が多く追跡困難なウィルスではなく、こうした目に見える人間不信の蔓延《まんえん》だろう。

対面は倫理をつくる。口座に入金されただけの、数字としてのお金なら持ち逃げするかもしれないが、同伴しておごってもらえば「悪いな」と思い、同時に払う側も「恩着せがましくて、かえって心の負担にならないかな」と気にかける。それが人間である。

ひとり一〇万円の定額給付金は、事実として貯蓄に回された面も大きいし、GoToキャンペーンはのちに、感染を拡大させたとしてエビデンスなく批判されることになる。でも、「給付金（ポイント）で払うから、いいよ」はどちらにも負い目を残さない、いちばんスマートなご馳走のしかただ。

おかげで秋には一人で貯《た》めたポイントを使って、いろんなお店を友人とも楽しんだ。やがて冬になり、季節どおりに感染者数が増えると（いわゆる第三波）、世間は手のひら返しで「飲食店は一人での利用が、会話をしないので実はベスト」と叫びだす。こちらの完全勝利である。

6

二〇二一年が明けて早々、東京は緊急事態が再宣言になった（当初は一か月の予定が、のち断続的に延長）。冬になれば感染症が増えるのはあたりまえなのに、愚かしいかぎりである。

もちろん、飲めるお店を探してはまた応援に行くだけだから、ぼくには別に関係ないが、同じく気候が理由でさすがに公園では、この季節は飲みづらい。それでもたまに春めく日和《ひより》を見つけて、テイクアウトといっしょに足を延ばす。

バーガーとセットにしたホットコーヒーの蓋《ふた》を開けて、ホワイトホースのキャップをひねる。正しいレシピとは少し違うけど、スコッチの中では癖《くせ》が少ない銘柄をコンビニで選んだ。ブラックのままだと、ウィスキーと双方の臭みが少しけんかする。だけどミルクを入れると、驚くほどきれいに味がまとまった。

カクテルの「アイリッシュ・コーヒー」の起源は、まだ長距離飛行が難しかった時代の給油時に、水上飛行場の待合室でサーブしたのが始まりらしい。

期せずしてコロナ禍にもぴったりの、素敵なエピソードだと思う。

危機を煽る人たちは、いまという時間を感染者がゼロになるまでの（――しかし、それはいつ?）、単なる過渡期としてしか見ない。

だからそれまでの間は、社会の全員が「必要にして至急」と認める以外の楽しみはいっさい剝奪《はくだつ》されて、政府と「専門家」の指示どおりに暮らすべきだという。とんだ全体主義である。

旅というものは目的地にだけ意味があるのではない。そこにいたる道のりをも楽しむためにこそ、人は旅に出るのである。そんなことも知らない未成熟な人間が賢者ぶって「新しい生活様式」を云々《うんぬん》するとは、世も末《すえ》だ。

子どもが蹴ったらしいボールが足もとに転がってくる。「ごめんね」といって蹴り返してあげると、父親らしき男性が「すみません」とお礼を言う。ポケットボトルを抱いているのは目に入ったと思うけど、とくに嫌な顔をされることもない。

これこそが、自由な社会の条件。大衆社会の感情的な恐慌に便乗して、「ゼロ不謹慎」を掲げるような政治家や有識者は、リベラルでもなんでもない。

この災厄が日本で広まってから、もうすぐ一年になる。その間ずっと書きつづけた世論との闘いの軌跡は、このたび拙著『歴史なき時代に』にまとめた。

危機の完全な収束はいまもって見えないが、人生を楽しむためにはそんなものを待つ必要はない。今年の秋は、暑い日を見つけてサイダーサワーと、逆に冬めいた日のコーヒーカクテルと、どちらで過ごそうか。思いを巡らしつつあたりを見回すと、なんの花だろうか、木々に蕾《つぼみ》が色づくのが目に入った。

（ひらく 五号 二〇二一年六月）

ネット以前のこと

ぼくが高校で通っていた塾のひとつは恵比寿にあった。

渋谷まで出れば一駅とはいえ、恵比寿で下車した後はだいぶ歩くのでそう便利でもない。そこに決めたのは、都内で最大と呼ばれていたレンタルビデオの実店舗が途中（ガーデンプレイス内）にあって、塾の授業の前に立ち寄れるからだった。

一九九六〜九七年の当時、ＤＶＤはほぼ普及していなかった。最初に二階のＣＤコーナーに寄って、試聴機で少し聞く。その後広大な一階を埋め尽くすＶＨＳの棚《たな》を散策しながら、借りる作品を決める。ビデオテープは分厚くかさばるので、二本が限界だった。

塾の始業までにすべてを終えないといけないから、なにを見たいかはある程度考えておく。だから地元の図書館で、映画ガイドや映画評論をよく借りた。高校生にはやや高価だったので、書店で立ち読みしていた『ＡＴＧ映画を読む』（佐藤忠男編、フィルムアート社。九一年刊）は最良の手引き書だった。

いまの高校生は、たぶんそんなことをしない。家族がアマゾン・プライムやネットフリックスを契約していれば、そもそも「レンタル」する必要がなく、電車内のスマホで見ている子もいるだろう。ビッグデータが「評価は星いくつ」でお薦《すす》めしてくれるし、近年の映画ならユーチューブに予告編が転がっている。わざわざ書籍で探す手間もいらない。

彼らの方が当時のぼくより、ずっと便利だ。しかし不思議と、あまりうらやむ気持ちが起きない。

インターネットの影響が限られていたあの頃のほうが、若い世代にとって「偶然性」が豊かだった。

「ビデオの図書館」のような巨大ショップを歩くと、必ずなにかは気になる映画にぶつかる。店だってマイナーな作品ほどプッシュしないと回転率が上がらないから、独自の紹介文を設けてディスプレイも工夫する。こうなると、前もって借りようと決めていた選択肢との兼ねあいが問題になる。

そんなときはだいたい、「たまたま出会った」方を優先した。事前に調べたチョイスは頭で覚えているから、次週以降にも持ち越せる。意図せず見つけてしまった作品は、その日に借りておかないと、次はもう忘れて出会えないかもしれない。

これ自体は狙って借りた方の作品だけど、タルコフスキーの『ストーカー』（一九七九年・ソ連）は当時見て、ずっと胸の奥に残り続けた一本だった。密猟者という原義だったこのタイトルは数年後、「凶悪な性犯罪者」の類型を指す用語に転じて、ぼくを驚かせる。

たぶんその頃からだ。偶然性は豊饒《ほうじょう》な冒険の入り口であることをやめて、危険やリスクの同義語になり、なるべく排除しようとする思想や技術ばかりが広まっていった。ぼくもいつしかその発想に、慣らされていったのかもしれない。

たしかに偶然性は残酷だ。だけどそれが、生きるのを助けてくれることもある。

二〇一四年に病気をして働けなくなり、一八年にその体験を『知性は死なない』（現在は文春文庫）に書くときに、久しぶりに『ストーカー』を見直して、本の結論部で触れた。病床にあった加藤典洋さんが同書を褒《ほ》めてくれて、編集者を介してやりとりした上、最後は追悼文まで書くことになるのだけど、たぶんその縁をつないでくれたのはこの映画だったと思う。

一九九五年に論争を呼んだ加藤さんの代表的な評論「敗戦後論」は、同じく『ストーカー』の原作（ストルガツキー兄弟、ハヤカワ文庫）から、共通する大事なモチーフを借りていた。そんな小さな偶然から、一度も同席することのなかった人とのあいだに、運命めいた交感が生まれることがある。
若い時節に潜《くぐ》っておいた偶然性の「幅」が、おそらくは不如意《ふにょい》なことの多い人生を乗り切る力になる。いまもぼくの母校が通う子たちにとって、そうした場所であってほしい。

〈若葉会会報 九〇号 二〇二二年七月 〈筑波大学附属駒場中・高等学校同窓会誌〉〉

創作に教わった歴史 ——陳舜臣『秘本三国志』ほか

小さな書店にも必ず「吉川英治文庫」や「山岡荘八文庫」を揃《そろ》えた一角があって、なかでも吉川三国史から歴史趣味に入門する体験も、小学校の途中で平成を迎えたぼくらの世代が最後だろうか。

通例に漏《も》れず少年時代、ぼくも数々の「三国志もの」を読み歩いたが、いまに続く影響を受けたのは、中学校の図書室で借り出した陳舜臣《ちんしゅんしん》『秘本三国志』(文春文庫)。むろんフィクションだが、登場人物の善悪が通常と逆転していたり、宿命のライバルが実は八百長《やおちょう》だったり、歴史を「裏目読みする」感覚は同作に教わったのかもしれない。学者になって日本通史を書く上でも、織田信長をザコにしてみたくなったり、吉田茂よりも片山哲《てつ》を中心にしたくなったりするのだから(『中国化する日本』文春文庫)、幼少時の読書体験とは恐ろしいものだ。

もう一冊、より直接的にいまの研究主題を見る目に影響を与えた小説をあげれば、山田風太郎の『明治断頭台』（ちくま文庫）。律令制下の太政官《だじょうかん》・弾正台《だんじょうだい》（警察に相当）を復活させた「復古」としての明治維新のイメージ、しかし変革の流れのなかで「弾正台万歳！」を叫んで消えてゆく主人公、そしてやがて世界を揺るがす西洋文化史上の事件と、幕末明治期との意外な同時代性に気づかせてくれるプロット――「最初から裏切られていた革命」としての維新像と、世界史と接続するだけで日本史の見え方が変わることの驚きを、ここまでビビッドに伝えてくれる作品は、研究書も含めて稀だろう。

単にインスピレーションのネタ元として虚構を利用するのではなく、フィクション作品の具体的な分析を通じて現実の歴史に迫るセンスは、『溝口健二の世界』（平凡社ライブラリー）ほかの佐藤忠男氏の映画評論に学んだ。ハリウッド的な完全無欠、「力も恋も」のヒーローを存立させにくい日本の文化的風土のゆえんを、歌舞伎以来の一枚目／二枚目の弁別と、絶えず女性に負い目を感じながら生きた溝口の人生を交錯させながら、数々の日本古典の映像化のありように見いだしてゆく。弱いのに強がる男の矛盾をえぐった「女の意地のかがやき」の一節が、特に胸を打つ。

（週刊文春　二〇一四年五月八・一五日号　特集〈ヒットを生む読書術〉）

塾にもあった図書室　──『太陽／特集・江戸川乱歩』

久しぶりに実家の本棚から引っ張りだすと、表紙に「財団法人 津田塾会」の蔵書印とバツ印がみえる。通っていた千駄ヶ谷の英語塾にあった図書室の、「ご自由にお持ちください」のダンボールから目ざとく拾ってきたものだ。刊行された一九九四年は乱歩の生誕百年で、記念映画『ＲＡＭＰＯ』の製作をめぐるトラブルも世間を騒がせていた。ぼくが入手したのは高校生の時と記憶するから、九六年くらいだろうか。

中学生の頃はミステリーマニアだったはずだが、乱歩に関してはさほど読み漁《あさ》った覚えがなく、なにかの叢書《そうしょ》の「江戸川乱歩集」でつまみ食いした程度であろう。本書を手にとったのはむしろ、久世光彦《くぜてるひこ》の『一九三四年冬──乱歩』（新潮文庫。単行本は一九九三年刊）の影響だったのではないか。スランプに陥った乱歩が自己回復のために耽美の世界に浸る様子を、作中で執筆される新作短編のテキスト（もちろん、実際は久世によるパスティーシュ）とともに収めた小説で、ぼくはそちらで初めて乱歩ワールドに幻惑されたように思う。

この『太陽』の特集号は、その世界を再現したかのようなビジュアルが凄《すご》い。乱歩作品からの抜粋にぴたりとマッチさせた撮りおろしのグラビアページがふんだんに挟み込まれ、歴史的な図像資料も豊富。むろん高校生の当時はその価値がわからなかったものの、学者に限っても池内紀《おさむ》による文体論をはじめ、谷川渥《あつし》(人形愛)、高山宏(暗号)、種村季弘《すえひろ》(コスチューム・プレイ)、柏木博(群衆)、木下直之(見世物趣味)など錚々《そうそう》たる布陣が、それぞれの得意分野の素材で乱歩を論じている。

なかでも「サド・マゾ」の項目を鹿島茂《かしま》に譲って、団鬼六《だんおにろく》を「ユートピア」にまわし、変態小説として父親に禁じられながら、夜な夜な布団の中で読み耽《ふけ》った想い出を書かせた編集が憎い。一方で都筑《つづき》道夫には、戦前の通俗探偵小説を恥じる晩年の巨匠に「明智小五郎も、お嫌いなんですか」と尋ねて「長いつきあいだし、嫌いじゃないさ」と返された逸話を語らせる。愛に溢れた一冊である。

(こころ 一九号 二〇一四年六月 特集〈平凡社一〇〇周年・私の思い出の一冊〉)

わが人生最高の10冊

最初にはまった読書のジャンルはミステリーで、中学の頃でした。名作と呼ばれる古典を当たっていったのですが、『ドグラ・マグラ』の衝撃はすごかったですね。精神病院を舞台に、記憶喪失の青年が過去に起きた事件の謎を探るのが大筋ですが、叙述のうちどこまでが現実で、どこからが登場人物の幻想なのかがわからなくなるのです。

作中、「大昔の中国の物語に描かれた通りに、現在（戦前）の日本で事件が起きている」というモチーフが登場します。実は私が学者として『中国化する日本』を書く際、着想の基になったのが『ドグラ・マグラ』のこの挿話なんです。近代日本の達成なんて大したものではなく、中国で昔起きた事態を無自覚になぞるものに過ぎないのだと。

高校ではVHSで往年の名画を見始め、ATG（日本アート・シアター・ギルド）に行き着きました。ミニシアター文化のはしりですが、前衛的な演出で社会的なメッセージの強い、カルトな作品が多いんです。

映画評論家の佐藤忠男さんが編んだ『ATG映画を読む』を参照して、TSUTAYAでさまざまな作品をレンタルしました。黒木和雄監督が一九七四年に撮った『竜馬暗殺』など、日本史を研究する際にも影響を受けた時代劇が多数あります。

七〇年安保の体験を反映して、開明的な志士が人々を諭し導くイメージとは正反対の、狂乱の中で生き延びることだけに必死な竜馬が描かれている。優れた英雄や指導者なんて現実にはおらず、すべては後づけで作られた歴史の語りに過ぎない。そうした感覚が青春期に見た映画から、私の中に貼りついています。


その後、大学の教壇に立ち論壇でも活動しましたが、どちらにも、学者が「正しい提言」さえすれば国民はついてくるのが当たり前だと、素朴に信じている方が多かったですね。学者の発言を「聞く側」にだって、言葉にならない独自の心情や論理があることが、まったく見えていない。民俗学者の柳田國男が同時代史として書いた、『明治大正史 世相篇』から日本近代史に入門した私にとっては、信じがたく空疎な権威主義です。

同書は何年に誰首相の下で何事件が起きたといった、教科書的な「史実」はほぼ記しません。むしろ「電灯が生まれ屋内が明るくなって、日本の家庭内での個人の意識はどう変わったか？」といった生活面での変化から、学問とは無縁だった民衆の感性の変容を描き出します。

もっとも私自身、二〇二一年刊の『平成史』では、政治家や言論人の方へと視点が引きずられがちでした。歴史学界に見切りをつけたいまでも、柳田は越えられない壁ですね。

大学教員を辞める直接の契機は、二〇一四〜一七年の鬱《うつ》の体験です。一時は活字の本がまったく読めず、リハビリの過程でマンガを読みはじめ、新しい趣味になりました。最も感銘を受けた作品のひとつが、二〇〇八〜一六年に連載された井上智徳《とものり》さんの『COPPELION《コッペリオン》』です。

お台場に建てられた原発がメルトダウンし、首都が壊滅したという設定のSFですが、人間心理の描写がとても巧みなんです。たとえば廃墟と化した東京から避難せず、主人公たちの救助部隊が迎えに来ても、当初は拒む人々が描かれます。

事故の前から日本社会で疎外されていたり、または事故の原因を作ったことに罪責感を抱いていたり。彼らの「むしろ廃墟の方が、自分には住み心地がいい」という心境を、頭ごなしには否定せず、しかし希望を伝えようとする。悲惨さや負債も込みで相手を受けいれる、本当の意味での多様性が描かれています。

病気の体験を綴った拙著『知性は死なない』を読んでくださった、晩年の加藤典洋さんに依頼されて、『太宰と井伏』の解説を担当しました。師弟でもあったふたりの文学者から「戦後」の本質を考察する評論です。

私なりに表現しなおすと、太宰は他者への共感が過剰な分、理想主義の夢とニヒルな現状肯定とを激しく往復する。逆に井伏は共感過少とは言わずとも、常に恬淡《てんたん》とした人で、他者を見つめるだけで引きずられない。

そうした両極端な人間像の「あいだ」を、私たちは揺れ動きながら生きるんだとする省察を感じました。ここにあるのもやはり、標準的な「あるべき人間像」に全員を合わせようとするのではない、深いダイバーシティの主張だと思います。

御礼のお手紙をいただいてまもなく加藤さんは亡くなり、お目にかかることはできませんでした。それでも歴史と病気を通じて加藤さんと対話できたことは、今後の人生の財産だと思っています。

1位

加藤典洋『完本 太宰と井伏 ふたつの戦後』
講談社文芸文庫

加藤さんが太宰と井伏の師弟関係を、三島由紀夫と川端康成にも通じると捉えているのがとても興味深いです。

2位

夢野久作『ドグラ・マグラ』（上・下）
角川文庫

夢野は福岡出身で、父親は政界の黒幕とも言われたアジア主義者の杉山茂丸。その影響も深読みできる作品です。

3位

佐藤忠男 編『ATG映画を読む 60年代に始まった名作のアーカイヴ』 フィルムアート社

ATGから知った映像作家は多く、寺山修司もその一人。特に一九八四年公開の遺作『さらば箱舟』(原作はガルシア・マルケス『百年の孤独』新潮社)は衝撃的でした。

4位

柳田國男『明治大正史 世相篇 新装版』 講談社学術文庫

自著『平成史』も、本当はここまで行きたかった。永遠に超えられないハードル。

5位

村松剛『死の日本文學史』 中公文庫

親友だった三島由紀夫の自死を、歴史に位置づけることで諌《いさ》め、弔う姿に打たれます。

6位

ルイス・キャロル(芹生一訳)『鏡の国のアリス』 偕成社文庫

小学生の時のバイブル。チェスの盤面から、ここまで物語を作れることに驚きました。

7位

井上智徳『COPPELION』(全26巻) 講談社

連載開始が東日本大震災前だったからこその内容で、最後まで描き切ったのも感動的。

8位

高峰秀子『わたしの渡世《とせい》日記』（上・下）　**新潮文庫**

戦前は子役スター、戦後に大女優となった高峰さんが振り返る、毒親と歩んだ昭和史。

9位

江藤淳『成熟と喪失〝母〟の崩壊』　**講談社文芸文庫**

私の大学でのゼミ生も、マザコン論という切り口から楽しんで精読していた傑作評論。

10位

連城三紀彦『戻り川心中』　**光文社文庫**

舞台となる大正期に詠《よ》まれていそうな短歌まで、作者が自作する時代再現力がすごい。

最近読んだ1冊

朝井リョウ『正欲』　**新潮社**

〝多様性〟の流行に対し、マジョリティから見て心地よいマイノリティだけをもてはやしてはいないか？と痛烈な違和感を突きつける小説。平成生まれの作家が、正面から時流に異を唱える姿勢に勇気づけられました（二〇二三年に新潮文庫）。

（週刊現代　二〇二二年三月一二・一九日号
取材・構成　若林良）

第三部　書物がつなぐ対話

人類史から見た現在

×エマニュエル・トッド

エマニュエル・トッド（Emmanuel Todd） 1951年生まれ。フランスの歴史人口学者・家族人類学者。国・地域ごとの家族システムの違いや人口動態に着目する方法論により、76年『最後の転落』で「ソ連崩壊」を、2002年『帝国以後』で「米国発の金融危機」を、07年『文明の接近』で「アラブの春」を予言。『エマニュエル・トッドの思考地図』、『我々はどこから来て、今どこにいるのか？』ほか著書多数。

■歴史を学ぶほど悲観的に？

――與那覇さんは、日本の新型コロナウィルス禍における大学や研究者の対応を批判して、歴史学者と名乗るのをやめられました。歴史学と同時代との関わりをどう見ますか？

與那覇　ロックダウン政策のおかしさを自らの知見を踏まえて指摘されたトッドさんと異なり、日本の歴史学者の多くは、コロナ禍の社会パニックを無責任に煽るだけでした。さらには日本人全般が、かつて国民すべてを巻き込んだ戦争の体験から遠ざかった今、歴史を自らの生きる基軸にする意味を見失っています。

世界の情勢を眺めても「もう歴史を学んで得られる積極的なものは何もない。将来を悲観せざるを得ない時代だ」とする気分さえ漂います。トッドさんは歴史を参照することの意味を、今、どう捉えていらっしゃいますか？

トッド　私は、基本的に楽観主義者です。確かに今は、政治に経済、人口問題、新型コロナからウクライナ戦争まで、悲観的にならざるを得ない材料ばかりです。ですが、人類史には危機も後退もつきものでした。一つの文明が崩壊しても、別の場所で別の文明が生まれます。人類は、必ずよい方へと向かうはずです。

■自由民主主義は普遍的ではない

――その現在の世界で今、もっとも気になる話題は？

與那覇　二〇二二年の二月にウクライナ戦争が始まり、「ポスト冷戦の時代が完全に終わった」とよく言われます。冷戦終結後、多くの人は、世界中の国がやがて自由民主主義の体制になると信じましたが、それは間違いであることが明確になったと。トッドさんは、歴史を踏まえた未来予測でも知られますが、いつからこうした「すべてが西洋化する」という物語は外れると気づいていましたか？

トッド　私は一九七六年に旧ソ連崩壊を予測した当時から、ロシアが英米型の国になるとは思っていませんでした。政治体制と家族形態の関係に気づいていたので、社会主義体制が終わった後でも、再びロシアの共同体家族[*1]に即した、権威主義的で平等主義的な体制が生まれるだろうと思いました。

與那覇　冷戦の最中から、普遍主義のおめでたい歴史観はあてにしていなかったわけですね。

トッド　それどころか、ばかばかしい話だとしか（笑）。

與那覇　トッドさんの議論は「ある地域の運命は、人口と家族形態で最初から決まっている」というニヒリズムを唱えていると誤解され、非難されることもあります。しかし、目下のロシアの問題にせよ、全世界が西欧型の自由民主主義に「なるはずだ」と素朴に信じてきた人ほど、まったく異なる現実に直面した際、裏切られたように感じて絶望しがちだと思います。

トッドさんの研究は、むしろそうした絶望に対するワクチンでもあるのでは。あらかじめ「自由民主主義の適用範囲には限界があるぞ」と知っておくことで、過度に落ち込まずに済むというか。

トッド　私は、あくまでも小さなピースの一つ一つに注目し、研究をしてきただけです。そこから、楽観でも悲観でもなく、「物事はこうなっている」と事実を示してきた。ただ、市民として政治的な議論に参加する際は、「〇〇は素晴らしい」とか「ひどすぎる」と興奮している人に「ちょっと待て」と介入するようにしています。

■核家族は「遅れた」家族形態

與那覇　邦訳された『我々はどこから来て、今どこにいるのか？』（文藝春秋）に集大成されている、トッドさんが描く人類史の見取図は、普通の人が持っているイメージとは正反対ですね。一般には、英米型の絶対核家族[*2]や自由民主主義が「進んで」おり、中国やロシアのような共同体家族や権威主義は「遅れた」ものだと思われがちです。

しかし実は、核家族こそがもっとも原初的な家族形態であり、だからユーラシア大陸の周縁部にだけ残っている。逆に共同体家族は「進歩」の結果、後から生まれて、旧共産圏や中東といったユーラシアの中心部を占めていると主張されています。

トッド　フランスや日本は、家族形態の歴史では中露や英米の中間に位置する国です。私たちは、アメリカ人が非常に先進的で近代的だと思うと同時に、彼らの振る舞いに何か洗練されないものを感じますよね。

たとえば近代国家は国家権力が暴力を独占するものなのに、米国では国民が拳銃やライフルを所持しています。まるで、ナイフを携帯していた中世の欧州人のようです。こうした、暴力性が人々の日常に身近な感じは、原初的な人類の姿に近い、アメリカなるものの特徴をなしていると思います。

――文明として、まだ成熟していない、と。

トッド　むしろ原始的です。家族形態の歴史には、こんなパラドックスもあります。メソポタミア（現在のイラク）や中国など古代の先進地域は、家族形態が進歩して父権制が強くなると、女性の地位が低下するなどして、社会が停滞しました。逆に英米など古い核家族形態の国は、女性の地位があまり下がらず、近代化できた。
　メソポタミアは、文字だけでなく国家や都市をも発明した、人類史上の最先端地域でしたが、今は世界中でも最も硬直した社会の一つでしょう。

■人材を「輸入」して維持される米国

與那覇　連想するのは、戦前の中国研究者・内藤湖南《こなん》の議論です。中国の王朝が科挙（試験）で役人を登用したのは、人類初のメリトクラシー（能力主義）でしたが、当初はデモクラシー（民主主義）の側面もありました。男性なら誰でも平等に受験でき、合格すれば政治を動かせましたから。
　ところが、いくら科挙による人材競争を厳しくしても、よりよい社会はちっとも実現せず、かえって民衆は政治への期待を失い、専制を受け入れるようになっていったと。つまり中国は遅れていったのではなく、「進みすぎて」停滞した側面があります。

トッド　ただし、科挙の時代の中国は教育が普及せず、大衆の識字率は低かったですね。西洋のメリトクラシーは大衆の識字率が上がった後に生じており、中国のそれとは別のものだと思います。
　むしろ中国は、今、大衆の識字化を経て、西洋に対する遅れを取り戻しているところでしょう。最近は、高等教育を受ける人が25％くらいになったと聞きます。

與那覇　おっしゃる通り、中国の科挙は「国民を教育しないメリトクラシー」で、受験者は完全な私費（塾や家庭教師）で勉強するのが常でした。この点は、「国民皆教育に基づく能力主義」で運営される欧米の近代社会と異なります。
　しかし、トッドさんがご著書で描く現在のアメリカの姿は、一周回って王朝時代の中国に似ていませんか？　米国は一九七〇年代以降、露骨な人種差別を抑える代わりに、知能指数（IQ）などの指標で能力主義を強化しました。そして、超大国には放っておいても世界中から優秀な人材が集まるからと、自国民の大衆教育を軽んじてきた。その結果、国内でますます格差が拡大しています。

――世界の「最先進国」米国が、かつて「行き詰まった」中国と似てくるとは、歴史の皮肉ですね。

トッド　アメリカでは高等教育の拡大が止まり、代わりに他国から能力が高い人材を「輸入」しています。そして米国のエリートは法律や金融といった分野を志向するので、エンジニア志望の学生は7％しかいませんが、ロシアでは23％です。つまり、総人口では米国の半分もないロシアの方が、「自国産」のエンジニアに恵まれている。

エンジニアも「自給」できない米国に対して、もし今後、供給国となっている中国が人材輸出を止めたらどうなるでしょうか。今は、エネルギー問題ばかり注目されますが、知的資源の「貿易」や安全保障にも目を向けるべきです。

■冷戦期よりも虚無感に覆われる社会

與那覇　ご著書にもあるように、米国で「肌の色で人を差別してはいけないが、能力が低い人を差別するのはむしろ合理的だ」といった風潮が高まるのは七〇年代の初頭で、オイルショックに伴う大インフレの時代でした。いまもウクライナ戦争による資源インフレが、当時を彷彿《ほうふつ》とさせるとよく指摘されます。

実際に戦争の前には、「優秀な人工知能（AI）はもう人間と同等だ。能力の低い人間はやがてロボットに置き換わる」といった議論も世界的に流行しました。七〇年代から半世紀がたち、再び人間観も大きく変わる時代が来ているのでしょうか？

トッド　単純比較は難しいですね。七〇年代当時は先進国で完全雇用が実現し、産業も拡大していました。今は、かつてないほど少子高齢化が進んでいます。一方で自律分散型の技術は進歩し、何よりもインターネットが普及した。

今の欧米は、高等教育を受けた人と大衆との分断が先鋭化しています。人々の社会的な連帯感、宗教心や愛国心、つまり集団意識が弱まっている。おかげで、国家が何を目指せばよいかわからなくなり、社会全体が虚無感に覆われている。

――日本でもしばしば、「社会の分断」が言われています。

トッド　いや、日本は欧米と大きく違います。何しろ、道にごみが落ちていない（笑）。欧米ほど分断は激しくなく、集団意識は相対的にうまく回っています。効率的な社会を維持できている。

しかし、それでも危機は明らかです。出生率が異常に低いのにまともな対策を打たず、移民の受け入れにも消極的です。日本もまた、国家が目指すべき方向性を見失っているのは心配です。

■家族形態の似た日・独の違いは？

與那覇　これからの日本を考えるうえで気になるのは、トッドさんが日本とドイツを、同じ直系家族[*3]に分類していることです。「親の家業を継ぐ」意識から来る保守的な気風が強い半面、集団行動に適した組織を持つため、両国とも近代に急速な産業化を達成できたとされています。

しかし冷戦後、ドイツはヨーロッパ共同体

（ＥＵ）を積極的に運営し、トッドさんの観点では「帝国的」とさえ呼べるほど、自国に都合のよい周辺秩序を作りあげました（『「ドイツ帝国」が世界を破滅させる』文春新書）。逆に日本は、ひたすら内に閉じこもって人口減も放置し、単に縮小しつつあります。この差はどこから来るのでしょう？

トッド　両国は、地理的・歴史的な側面が大きく違います。ドイツは大陸国・日本は島国で、移民の受け入れ具合もまったく異なります。またドイツは、キリスト教の影響でいとこ同士の結婚を許容しませんが、日本は終戦直後の段階でいとこ同士の結婚が一割程度ありました。日本は閉鎖的な傾向がありますが、それでも、ここまで日本が移民をかたくなに拒否するとは思いませんでした。

しかし私は、ドイツが移民受け入れに積極的だったのは覇権国家をめざす意思があってのことだと捉えてきましたが、どうやら違うようです。ウクライナ危機を巡って、自国の国益に基づき英米やポーランドと違う選択をとるかと思いきや、結局は米国主導の北大西洋条約機構（ＮＡＴＯ）に従うばかりですから。

――トッドさんの用語はしばしば特徴的です。たとえば、過去に支配的だった宗教や家族形態が、衰退した後も見えない形で影響を残す現象を、よく「ゾンビ○○」と呼びますね。

與那覇　新型コロナウィルス禍では、普段は民主的な西欧諸国の政府が中国に倣って強権的なロックダウンに走り、国民もそれを受け入れました。世界にとって意外な姿でしたが、欧州では中世キリスト教会の家父長的な統治が、近代化の後もゾンビのように生き残り、人々の行動や思考を縛《しば》ってきたからだとも言えます。

そう考えると、今の日本はいわば「ゾンビ徳川時代」なのですが、国民にその自覚がないのが最大の問題です。

トッド　興味深い話です！　飛行機で十三時間かけて日本に来た甲斐《かい》がありました（笑）。

■専業主婦志向は徳川時代の名残

與那覇　今日まで移民を拒否し続けているのは、人口面での鎖国政策と言えます。江戸時代の徳川将軍家の権力は限定的で弱く、分権的な体制でした。コロナ禍での日本も、ボトムアップで「マスクはしろよ」と相互に監視する分、政府が法的な義務を課すロックダウンは実現しなかった。つまり総じて体制順応的なのに、上からの権威主義は意外に弱いのが日本の特徴です。

だから今も、岸田文雄首相が「屋外ではマスクなしに」と言っても従わず、天皇・皇后両陛下に男のお子さんがないことを国民の側が責める。むしろ庶民の方が権力に対して「父権的」に振る舞うのが、ゾンビ徳川時代の表れだと思います。

トッド　ただ、ゾンビは失われることもあります。今、興味深いのが米国のゾンビ・プロテスタンティズムです。プロテスタントは一般に教育熱心ですが、今の米国では、脱ゾンビ化の証拠に教育レベルが低下してきました。

アメリカは一見、今も宗教が盛んに見えますが、その内実はもうプロテスタント的ではなくなっています。たとえば、米国人のテニス選手が試合に勝つと「神様のおかげ」などとコメントしますが、本来のプロテスタントの神様は絶対的な権威者で、そんな友だちのように優しい存在ではありません。

與那覇　日本のゾンビ徳川時代にも、継続と崩壊の両面が観察できます。継続の典型は、今も自ら望んで専業主婦になる女性が少なくないことですね。江戸時代は農村社会で、夫と妻は一緒に家業を営む「共同経営者」でした。その発想が残り続けると、専業主婦は無職なわけではなく、夫と共に家計をやりくりする一種の「職業」だと認識されるので、むしろ人気の「就職先」になります。

農業をはじめ、かつての自営業には適した発想だったのですが、しかし戦後以来の正社員の夫だけが高給を得る働き方は、不健全な賃金格差を招きました。非正規雇用者は結婚できず、非婚率が上昇し、ゾンビ徳川時代は崩れつつあります。日本の少子化対策が空振りになるのは、人々が歴史を見失い、原因が江戸時代にまでさかのぼるという自覚を持てないからです。

■ヨーロッパの極右も中身は空っぽ

――日本や世界の少子化について、トッドさんのお考えは？

トッド　日本の少子化については、ずっと同じような議論が回っているだけという気がします。このまま高齢化が進み、これまで以上の劇的な経済危機が起きるまで変わらないかもしれません。

日本以上に人口問題での非合理性を象徴する国は、韓国です。大変に近代的な工業化をした国で、K-POPはフランスでも人気です。ところが、合計特殊出生率は世界最低の0・85で、国家が自己崩壊しつつある。世界は北朝鮮の核兵器にばかり目を向けがちですが、実は韓国でこそ、極端かつ注視すべき異様な社会変化が起きています。

與那覇　ポスト冷戦期にヨーロッパは人口減を移民で埋めてきましたが、近年は各国で、移民排斥を唱える極右政党が伸びています。これはいわば「ゾンビを甦《よみが》えらせる」、つまり失われた過去の体制を文字どおり、そのまま復活させようとする試みなのでしょうか？

トッド　極右政党は、ゾンビというよりもポスト・ゾンビです。中身は空っぽで、ただ攻撃的なことを言っているだけ。これらの政党は、本気で政権を取って権力を維持し続けたいようには見えません。

　例外的に、ハンガリーには国家として存続し続ける意志を感じます。オルバン政権は国民に対し、愛国心を強く鼓舞《こぶ》していますが、あの国は一九五六年にソ連に抵抗し、八九年にも冷戦構造崩壊の引き金を引きました。独立し続けることに強いプライドを持っています。

與那覇　興味深い対照です。人口論的に捉えると、世界の一方の極端がハンガリーで、もう一方が韓国になるのですね。

　フェミニズムや性的少数者の権利に背を向け、女性の自立性を抑圧してまでも出生率を上げるハンガリーは、「反動に回帰してでも国家の存続を優先する」路線。逆に音楽や動画のコンテンツ産業で、先端的な男女像を世界に発信する韓国は、「国家を削ってでも近代化を追求し続ける」路線だと。

■東アジアに共通する「ゾンビ儒教」

トッド　韓国の極度に低い出生率は、近代化の他にゾンビ儒教の影響が大きいかもしれません。東アジアの出生率は、日本が1・3、台湾が1・11、中国が1・16とみな低い。ゾンビ儒教の国の夫婦は、親の老後の世話をまず心配し、科挙の伝統を引く激しい受験競争の教育負担も恐れる。それが低出生率の背景でしょう。

　出生率の低下は、世界的な問題です。米国とロシアは国際政治の上では対極にある国ですが、どちらも出生率は1・6に過ぎません。ウクライナ戦争で世界は二つに分断されたと信じられがちですが、共通の課題を意識することで「自分たちは同じ人類だ」という感覚を取り戻すことも大切でしょう。

與那覇　私は、日本人が世界を見る際の基準を失った現状を危《き》惧《ぐ》しています。日本は元々、よくも悪くも「進んだ」外国に学んでまねるのが得意で、前近代なら中国、近代は欧州、戦後は米国から制度を輸入しました。

適切な形で外国を模倣するには、「今の日本の発展段階はこれくらいだから、この国のこの部分を取り入れよう」というように、一定の妥当性を持つ大きな歴史観が必要です。そうした歴史の感覚が持てない今日、日本人は、コロナが流行すれば「台湾やニュージーランドを見習え」、カルト宗教が問題視されれば「フランスの反セクト法をそのまま持ってこい」と、トピックごとに話題の国をつまみ食いするだけになってしまいました。

トッド　確かに従来の日本は、分野ごとに、さまざまな国を的確にモデルにしてきました。ただ、今何よりの問題は、日本だけでなく世界中のモデルだった米国が、まったくお手本にならないことです。もはや、誰もアメリカに夢を見ていません。今の米国は、単なる軍事的なリーダーにすぎず、何の理想も見られません。

■中国脅威論よりも少子化対策を

――その米国を追い越そうと、大国化を急ぐ中国の今後は？

與那覇　習近平政権がしきりに「チャイニーズ・ドリーム」を強調するのは、主観的には、米国に取って代わり中国が新たな発展のモデルを人類に示すと言いたいのでしょう。しかしトッドさんは、中国の将来にも強く悲観的ですね。とすると、世界のモデルになりえる国は当面、現れないと思われますか？

トッド　そうですね、私が生きているうちには現れないでしょう。実は今、執筆している地政学についての本を、最初は米中の対立という視点で書き始めました。当時は中国の出生率が1・7あったからです。ですがその後、1・3という新たな数字が発表されたので、米露の話に切り替えました。今や1・16にまで下がっています。

　出生率1・16の国が、世界を制覇することなどありえません。むしろ中国の人口縮小こそが、世界の危機につながります。日本経済が戦後の高度成長を終えた後、少子化を経ても発展できたのは、中国に工場を置けたからですが、そこで働く人が減る。ドイツは移民の受け入れで乗り切りましたが、人口一四億の中国を維持できるだけの移民受け入れは、不可能です。

與那覇　日本では今、台湾有事が起きたら、企業が中国での生産拠点を失い経済危機になるという議論が盛んです。ですが長い目では、戦争なしでも、人口減で「世界の工場」は自然に止まってしまう。そしてそれこそが、これからの人類史に訪れる最大の危機になると。

トッド　戦争なんて、あまりにばかげています。それよりも、東アジアは共通の問題、すなわちゾンビ儒教による出生率低下への対策に、共に取り組んでいくべきだと思いますね。

＊1　父権が強く、子どもは結婚後も基本的に全員が同居し、遺産を平等に相続する家族形態。権威主義体制と平等主義に親和性が高い。旧共産圏の多くの国はこの家族形態をとる。

＊2　子どもは成人か結婚後に親と別居し、家の財産の分配は親の遺言のみで決める家族形態。自由主義に親和的な半面、（兄弟間の）不平等を問題にしない。

＊3　長男のみが結婚後も親と同居し、遺産の大部分を相続する家族形態。権威主義に親和的で、兄弟は不平等に扱われる。

（毎日新聞WEB　二〇二二年十二月一・二日。短縮版が同年十一月一八日の紙面に掲載。通訳・大野舞、構成・鈴木英生）

平成の言葉と身体

×苅部 直

苅部 直（かるべ・ただし）　1965年生まれ。政治学者。東京大学法学部教授。専門は日本政治思想史。著書に『丸山眞男　リベラリストの肖像』（サントリー学芸賞受賞）、『鏡のなかの薄明』（毎日書評賞受賞）、『「維新革命」への道』、『小林秀雄の謎を解く』など。

■歴史感覚の喪失をめぐる危機感

苅部　二〇二一年の六月に與那覇さんが刊行された『歴史なき時代に』の大きな主題は、いまの日本における歴史感覚の衰弱でした。歴史叙述は、社会における共感の基盤を作り出すという大きな使命をもっているはずなのに、当の歴史学者がそれを忘れているという痛烈な批判です。これに続けて八月に上梓された『平成史　昨日の世界のすべて』でも、今度は社会全体の風潮として歴史の「衰弱」「皮相化」が批判されています。その点で、両書を対照させながら読むのがふさわしいように思ったんですね。

與那覇　「あなたとは考え方が違うが、しかしあなたがそういう考えを持つに至った事情はわかるつもりなんだ」という感覚があることで、異なる思想の持ち主とも殴り合わずにいられる。その基盤を提供するのが、社会的な歴史の共有だと考えています。「同意なき共感」と呼ばれるカウンセラーの対話法に近いわけですが、実際に当事者が過去を振り返る（＝個人史を語る）ことで病気を受け容れられるようになってゆく、といったプロセスは、精神医療の現場で広く見られます。

しかし『歴史なき時代に』に記したとおり、令和のいま、もはや戦後のようには社会で歴史が共有されていません。歴史学者が「昭和の戦争はこうだったと一般に思われているが、実は違う」として研究成果をPRしようにも、そもそも前提となる「一般的な歴史認識」自体が存在しない。それを回復していかないことには、いかに過去の史実を実証しようと、単なる「初めて知りました」式の面白話にしかならないという危機感をずっと持っていました。

直近の過去を扱う『平成史』を書く上で留意

したのは、さらに「もう一歩先の過去」である戦後昭和の後期、つまり一九七〇～八〇年代から続く文脈を復元することでした。いわば、平成を生きた人にとっての「前提」に当たる時代です。その部分を知らなければ、なぜ平成期にあれだけ「改革」や「自由（化）」が目指されたのかも理解できない。その意味で、現在に直結する近過去から順々に、歴史の共有を回復しようとする本でもあると思います。

なので同書は、実質的には『後期昭和～平成史　一九七〇―二〇一九』と呼ぶべき内容なのですが、刊行後に気づいたのは、これはほぼ明治一〇〇年（一九六八年）から明治一五〇年（二〇一八年）にかけての期間に一致することです。明治一〇〇年を祝う際には賛否両論が起こり、左右が激しく論争したのに対し、明治一五〇年はまったくの無風状態だった。つまりその五〇年間は、日本人が歴史感覚を失ってゆく過程でした。

苅部　近代史の全体で言うと、歴史感覚の喪失はすでに大正時代から始まっていたと思います。阿部次郎、和辻《わつじ》哲郎といったいわゆる人格主義・教養主義の知識人にとっては、明治革命は自分と無縁な過去の話ですし、日露戦争のときにはもう青年なので、醒《さ》めた目で見ていた。歴史の大きな物語のなかに自分がいるという感覚を持っていないんですね。

與那覇　だからこそ、カタログ的に舶来の教養をあれこれ勉強すると。

苅部　ひたすら自己の向上をめざす「個人主義」の傾向と、歴史的な背景を無視して古今東西の哲学や藝術《げいじゅつ》を享受しようとする「教養主義」とが結びつくわけです。自分を組み込むような歴史の全体像への関心はそこにない。もしも仮想の昭和史を妄想するなら、この状態がそのまま続いた可能性もあったでしょう。

しかしそこに昭和の戦争という、国民全体をまきこむ一大イヴェントが起きたため、一九三〇年代からは歴史を強く意識せざるをえなくなった。それが終戦をこえて六〇年代くらいまで続きますが、その後に世代交代が進み、戦争の記憶が薄れるにしたがって、歴史感覚の喪失という地盤が再び現れてきたのではないかと。

與那覇　二〇世紀は大きな物語（＝歴史）の世紀だった、と言われがちですが、実際には一貫して歴史は擦《す》り減っていた。しかし世界戦争にして総力戦という「超強力ブースター接種」を打ったので、戦後は一時的に歴史の存在感が回復した。拙著が扱うのはそれが「また」摩耗してゆく、反復の過程だということですね。

実は学生時代、初めて拝読した苅部さんの論文が「歴史家の夢　平泉澄《きよし》をめぐって」（『秩序の夢』筑摩書房所収）なのです。ここで苅部さんは、戦時下で皇国史観のボスになる平泉と、イタリアの良心的な歴史家として知られるクローチェとが、実は二つの世界大戦の狭間《はざま》で同じ空気を吸っていたのだと指摘されていますね。

両者とも歴史を、ベタッと物体のように存在する史実の塊《かたまり》には留まらない、語り手が明確な意志を持ってはじめて出現させることのできる構築物として捉えていたと。いわば忘却に任せるのではなく、歴史を「取り戻せ！」と唱える人たちの先駆ともいえます。

確認して驚いたのですが、この論文を収めた山川出版社の『年報・近代日本研究』の一八巻は、一九九六年十一月の刊行です。まさにその翌月、「新しい歴史教科書をつくる会」が創立の記者会見を開いている。ここから平成前半の世相を席巻していった「歴史を語る権利は誰にあるのか」といった論争もまた、実は戦前から存在した問題の、卑小な反復だったのかもしれません。

苅部　ヘーゲル流の歴史の大きな物語を否定して、終わりも目的もない差異の戯《たわむ》れが続くといった、ポストモダン流の思考様式に、みんな飽きてきて、突如として歴史との同一化にむかう動きが登場する。そういう空気を感じながら平泉論を書いていたのはたしかですね。やがて橋川文三《ぶんぞう》の人気が復活するだろうと思っていましたから。一〇年後くらいに実際そうなった（笑）。

■二つの歴史意識の衝突

與那覇　大正期には阿部次郎型の「国民全員が共有する物語だなんて、暑苦しい話はもういらない」とするチャート式の教養主義と、平泉澄型の「それでは生きる意味が消えてゆき、人間は無価値になる」という情念論とが対峙しました。『平成史』で言えば「浅田彰・対・小林よしのり」の構図です。

苅部さんが最初のご著書で採り上げた和辻哲郎は、前者の側《そば》から出発しつつも、徐々に圧倒的になってゆく後者の問題提起にきちんと向きあって、しかし平泉とは異なる答えを出した人ということになるでしょうか。興味深いのは、そうした戦前の原型と平成の歴史論争との中間にあたる、明治一〇〇年＝一九六八年の前後にも類似の構図が見られることです。

苅部さんの『安部公房の都市』（講談社）では、安部の小説『榎本武揚《たけあき》』（一九六五年。のち中公文庫）と江藤淳の史論『海舟余波』（一九七四年。講談社文芸文庫）を対照されていますね。江藤は広い意味での平泉型で、「勝海舟の生き方こそを、日本の近代化を支えたものとして受け継ごう」とする強い意志で、堂々たる太線の歴史を復元しようとします。

対して安部公房の『榎本武揚』は、コラージュ文学の先駆けのような作品です。断片を積み重ねるスタイルで書かれているから、描かれる榎本の姿が真実なのか、作者が彼を顕彰《けんしょう》しているのか否かも、よくわからない。

これはクローチェとも活躍した時期が一部重なる、ベンヤミンの歴史感覚に近い。実はベンヤミンのそうした思想（アレゴリー論）が日本に紹介されたのも、安部の小説の少し後の六六年だと、苅部さんは指摘されています。

苅部　本格的な紹介は川村二郎先生の論文（『限界の文学』河出書房新社所収）。別の経路で安部がすでに知っていたかどうか。

與那覇　平成期、つくる会騒動に先行して一九九五年に起きた加藤典洋さんの「敗戦後論」をめぐる論争にも、この「江藤・対・安部」と重なる構図がないでしょうか。戦後五〇年に際して、加藤さんは江藤淳的に「戦前から一貫して歩んで来たものとしての、日本人像を描いていこう」と訴えた。しかし九三年からベンヤミン『パサージュ論』（現在は岩波文庫）の邦訳刊行が続く思想界の状況では、そうした姿勢自体が「反動的」に見えてしまった。

過去から現在までを一本でつなぐ、直線状の歴史などというのは「強者の論理」であり、ナショナリズムの道具に過ぎない。むしろ歴史家の仕事は、そこから零《こぼ》れ落ちる断片をコラージュして、多数から排除されてきた弱者の姿を再構成することだと。やはり「ポスト歴史」と呼ぶべき感覚の方が、当時の知識人の世界では主流になっていたように思います。

苅部　僕も「敗戦後論」には感心しませんでした。大東亜戦争におけるアジアの犠牲者に対して哀悼するのなら、その前に自国の三〇〇万の犠牲者に対して追悼をするべきだという主張でしたよね。それなら「靖国神社にみんなでお参りに行きましょう」と言うべきではないか。

與那覇　むしろ、そこまで堂々と書くべきだった、ということですか。

苅部　そう。Ａ級戦犯が合祀《ごうし》されているから、政府の代表という性格をもつ首相や大臣が参拝することには反対です。しかし、それ以外の政治家や国民が参拝するのは自由だし、むしろ、従軍して亡くなった方々を哀悼することは大事だと思うんですね。戦争の性格を批判する立場であっても。

加藤さんは政治的には江藤淳に対して批判的だったし、雑誌『思想の科学』でデビューしたから、いまの言い方ならリベサヨ系の人ですよね。だからこそ文壇や論壇から反発を受けたのかもしれません。「敗戦後論」と同じ年に僕の『光の領国　和辻哲郎』（のち岩波現代文庫）が出たんですが、ある論壇時評が両方にふれて「ナショナリズム復活の危険な動向」とか評したこともあったんですよ（笑）。

與那覇　本来、コラージュすれば「誰が敵で誰が味方か」も混淆《こんこう》するはずなのですが、平成前半の歴史論争は結果的に、左右の枠組みを再度固着させてしまいました。そして「味方のくせに裏切った」と見なされた人ほど激しくバッシングされる風潮は、後半期のＳＮＳ社会にも定着してゆきます。

■政治をめぐる言葉と身体

與那覇　「直線状の歴史」のほかにもう一つ、日本の言論空間では「保守化」の兆《きざ》しとして忌避されがちなものに、身体の問題があると思います。

苅部さんの『光の領国　和辻哲郎』以来の和辻論は、個人の内面にある心よりも、身体的な所作《しょさ》や、そのあり方を決める外的な習俗――平成期の社会学の流行語でいうプラクティス（実践）の人倫における役割を重んじた思想家として、和辻を捉えておられますね。だから『光の領国』も、和辻による「土下座」の論じ方から始まります。

一方で通俗的な思想史の理解では、和辻はよくも悪くも「戦前派のリベラル」に過ぎず、丸山眞男以降が天皇制国家の制約を克服した「真の戦後思想」なのだとされがちです。つまり、身体感覚に働きかけてこそ秩序は維持されるという発想自体が、非常に封建的で右寄りなものに思われている。

苅部　『平成史』では二〇世紀末の石原慎太郎・宇多田ヒカル・小林よしのりを並べて「身体の存在感」の浮上として論じておられますね。二〇〇八年の秋葉原事件に関しても、「身体」への犯人の志向を指摘している。

たしかに和辻哲郎は、実家の村の葬儀で土下座をすることで、身体をある「型」に従って動かすことが、人と人を調和に導く効果をもたらすことに気づいて、衝撃をうけた。やがて『倫理学』上中下巻（一九三七〜四九年。のち岩波文庫）で体系化される「人間の学」としての倫理学も、「間柄《あいだがら》」における個人のふるまいのなかで働く「行為の仕方」、役割の演技に倫理の内実を見いだすものですから、一種の身体性の哲学と言えないこともない。その点では大正期の内面重視の人格主義とは異なる立場を打ち出していた。

しかし、身体性の問題を一貫して追究した哲学になっていたかと言うと、疑問なんですね。「倫理」の実質的な内容について議論する『倫理学』の中巻、「人倫的組織」と題された章は、家族や地縁共同体など、人間の集団の類型に応じて、それぞれの組織において重視される態度を列挙し、それを教育勅語の文句にあてはめています。そうすると結局、倫理として掲げられているのは、個人が身につけるべき「徳」のカタログということになってしまい、身体の運動とは離れてゆく。

唐木順三《からき》が『現代史への試み』(一九四九年。のち中公選書)で、「型」による束縛を拒否して内面の人格の向上に努める、大正の「教養派」の知識人は、一九三〇年代の「型」の復活と呼ぶべき動向に圧倒されてしまい、それに追随するしかなかったと論じていますね。政治的な右側からは戦争と軍隊、左側からは革命のための党派の規律という「型」です。それに比べれば、和辻が提示した「行為の仕方」はずっと生ぬるいということになるかもしれません。

もちろん、左翼運動はすぐに壊滅し、戦争期に国民の多くを支配したのは軍隊と総動員体制が強制してくる身体の「型」です。だからいまでも身体性を重視する議論が、どうしても右翼、保守派の印象を伴ってしまうのでしょう。

戦後にはそういう「型」から人間の主体性を解放したいという風潮が、民主主義とともに再び主流になった。その結果として、人間の生き方やモラルを論じるとき、身体性の問題が視野から抜けてゆくことになったんでしょうね。「民主主義体操」とかを作ればよかったのかもしれないけれど……。

與那覇　なるほど。平和国家にふさわしい、「リベラルな身体性」を獲得しようと(笑)。

苅部　でも実行しようとすると、それこそソビエト式体操みたいになってしまったでしょう(笑)。身体をある態勢に置きながら、同時に精神の自発性、柔軟さを失わない技法。それもありうるとは思えますが、実際にはぐずぐずの「型なし」の態度になってしまったり、反対に硬直した「型」の繰り返しに陥ってしまったり。

かつてこの問題を集中的に論じていた哲学者は、『精神としての身体』(一九七五年。のち講談社学術文庫)を書いた市川浩でした。市川は八〇年代に雑誌『へるめす』『季刊思潮』のグループで、演劇の鈴木忠志さんと一緒でしたから、演劇と哲学のコラボレーションの貴重な例と言えるでしょうね。

しかし問題なのは、こういう身体論が社会や政治に関する議論になかなか結びつかないんですね。たとえば身体を論じていても、選挙制度をどう定めるかといった問題への答えは出てこない（笑）。しかし本当は無関係ではないはずです。政治参加だって一種の身体実践ですから、相互討論やデモの作法を考えることも必要でしょう。市川のあと、平成年間にそこを埋めるような議論の領域ができていたら面白かった。

與那覇　おっしゃるとおりだと感じます。丸山眞男の系譜を引く、昭和の戦後民主主義の問題意識には、日本社会では保守的な規範が身体化され過ぎているので、なんとか言語独自の領分を「守ろう」とする傾向があったと思います。これに対して、平成には自民党支配に挑む側が、言葉で積極的に「攻め」に出た点に新しさがありました。

一九九三年に最初の非自民政権を作る細川護《もり》熙《ひろ》さんと日本新党の軌跡は、その象徴です。彼は前年六月号の『文藝春秋』で、最初は「「自由社会連合」結党宣言」と題して新党構想を語り、その後計四回も同誌に寄稿や誌上討論の形で登場して、約一年で政権を射止《いと》めました。「どうせ自民党のままなんだって」とする有権者の身体感覚に、論理やビジョンの言葉でノーを突き付けて、勝ったわけです。

注目したいのは政権奪取前、国政初挑戦だった九二年七月の参院選で、日本新党が四議席（すべて比例区）を獲ったことです。当時ニュースキャスターだった小池百合子さんが出馬するといった話題性もありましたが、言葉で政治理念を語ることを通じて、それだけの波を起こせたんですね。

対して令和の初頭、二〇一九年の参院選では山本太郎氏のれいわ新選組が街頭集会の熱狂ぶりを動画サイトで拡散し、「身体感覚」にフルに訴える戦術で注目されましたが、獲れたのは二議席のみ。平成を通じて論壇は凋落したと言われ、紙のメディアに関わる人ほど「もうネットの時代。雑誌の論考に力なんかないですよ」と自嘲しがちですが、実際にはSNSなしの平成初期の新党の方が、人々を動かした。

平成の前半にはそこまで言語が攻勢に出たのに、いつまた反転して、日本社会は身体依存の秩序に戻ったのか。おそらく二〇〇三年にマニフェスト選挙が導入された頃が「しっかりビジョンを言葉で語れば、人はついてくる」とする思潮の頂点で、以降はそれが敗れていくプロセスだったように感じます。実際に翌〇四年秋の園遊会では、国旗国歌の強制をたしなめた天皇（現・上皇）の発言が話題になりました。発言の内容よりも「誰が、どんな場所で言うか」で影響力が決まるというのは、むしろ身体への揺り戻しの徴候ではなかったでしょうか。

苅部　『平成史』でもふれておられますが、平成末期に突然、リベラルの論者が天皇（現・上皇）を、「立憲主義」を大事にする立派な人として礼賛するような風潮が生まれましたね。これもまた、言葉ではなくて、天皇という地位にある生身の人間が放つ存在感に期待するという意味で、與那覇さんのおっしゃる身体回帰と通じているのかもしれません。

僕自身は、雑誌『大航海』の「近代天皇論」特集（四五号、二〇〇三年）以来、普遍的でリベラルな価値観を皇室が体現してゆく可能性について書いていましたから、待望した状況になったとも言えるんですが、どうも不快なんですね（笑）。いま、リベラルな天皇のイメージを礼賛する人たちの議論は、昭和にさまざまな立場から皇室を論じた人々に比べて、激しく劣化しているのではないか。

単に、安倍晋三政権の方針との間に距離があるように見えることを天皇が発言すると「陛下スゲー」と反応してしまうというだけ。天皇が政治に関与することは憲法違反になりますから、上皇陛下はきわめて慎重に言葉と手段を選びながら、声を発されていた。そういう緊張感と、皇室制度そのものについてのまともな理解が「陛下スゲー」の人たちには見られませんね。これに対して、リベラルな天皇発言にも、「象徴」による非合理的な統合の危険性があると指摘していたのは、『平成の終焉』（二〇一九年刊。岩波新書）の原武史さんくらいです。本音では「天皇制」を否定したいはずの、ほかのリベサヨの方々はいったい何をやっていたのか。

平成末期には同じような劣化が平和・安全保障をめぐる問題に関しても見られました。特定秘密保護法の制定のとき、リベラル派のメディアは「飛んでいるオスプレイの写真を撮ったら逮捕される」とか、たちまち暗黒の世の中が到来するように書き立てましたが、施行ののち、そんな風にはまったくなっていませんよね。二〇一五年の安保法制祭り（笑）のときも、リベラル派から聞こえてきたのは、相変わらずの「戦争に巻き込まれたくない」一国平和主義の大合唱で、問題もその背景もまったく異なる六〇年安保と重ね、「二〇一五年安保」と呼んで盛り上がったりしていた。

『基点としての戦後　政治思想史と現代』（二〇二〇年刊。千倉書房）で詳しく論じましたが、日本国憲法の平和主義・国際協調主義から導き出される選択肢は、自衛隊を一歩も国外に出さないという方針だけではありません。その方針を国際情勢の現実に即して変えようとすると、即座に「平和主義の理念の破壊だ」と叫んでしまうのは思考停止です。平和を確保するための手段を比較検討して選ぶことができなくなっている、平和主義の劣化ですね。
　しかし劣化の現象がループして繰り返されるままでは困ります。平和運動なら平和運動の歴史の重みは大事にしながら、時代の変化を公平にとらえ、現在にどういう方針を選ぶべきか考える。そのためには、やはり意識して言葉を用いながら議論しないといけない。

與那覇　まさしく、「偉い人の身体任せでいいんだ」と居直ってはいけない部分ですよね。

■分断をこえるリアリズム

苅部　身体が動く勢いに任せているだけでは、異なる意見を理解することも、説得力のある議論を組み立てることもできませんからね。
　しかし、この言葉のやりとりの場面で、やはり身体が重要になってきます。與那覇さんは『歴史なき時代に』で、コロナ感染対策のためのロックダウンを呼びかけた、ドイツのアンゲラ・メルケル首相の演説（二〇二〇年三月）を評価されていました。この演説だって、言葉だけでなく、話すときの表情や身ぶりが、やはり大きな効果をもっていたと思います。これに比べて、菅義偉《すがよしひで》首相が国民から信用されないのは、この身体性がだめだからでしょう。

與那覇　たしかに（笑）。

苅部　死んだ目をして、やる気のなさそうな口調で原稿を読むだけ。これに比べると安倍前首相はまだよかったと思います。第一次政権のときはひどかったですが、第二次政権以降は、長いスピーチはよく練られていたし、原稿を読んでいるにせよ、国民に対して進んで語りかける姿勢になっていて、見違えるように感じました。

森友学園の問題からあとの時期には、感心しないパフォーマンスが多くなりましたけどね。

與那覇　第一次安倍内閣では攻撃的に持論をぶちまける印象でしたが、たしかに第二次内閣の前半は抑制的でした。同じ人でも「身体性が変わる」ということは起きうるわけですね。

苅部　一度目の首相の職を退いた失意の時期に、坐禅《ざぜん》をやっていたからではないですか（笑）。

同じ発想と言葉を固定させたまま繰り返し、失敗も再現してしまうような、劣化のループに陥らないためには、新しい方向へと踏み出すための身体の構えが重要になるということでしょう。

與那覇　むしろ身体よりも言葉のほうが、劣化しつつ無限ループしていった点に、「平成の罠」があったとも思えますよね。

苅部　言葉だけだったら、オウム返し・二番煎《せん》じが一番楽ですから。

『平成史』では、一九九四年から九八年まで続いた自社さの連立政権や、民主党に連立をもちかけた福田康夫首相、あるいは野田佳彦首相と谷垣禎一《さだかず》総裁の大連立構想のような事例を、高く評価されているのが特徴的ですね。党派間の距離を飛び越えて連携し、安定した政権を作ろうとする「リアリズム」の政治。これもまた、それぞれの党の既定路線からあえて逸脱し、現実の課題の解決のために連立を組むという意味で、ループを破ろうとした試みと言える。

いま日本でもアメリカでも、人々の考えが分極化し、対立が深まっていると言われています。そういう時代だからこそ、分断を越える姿勢をリーダーが社会に示すことが大事になるでしょう。自社さ連立は長続きしませんでしたし、大連立も構想のみに終わりましたが、日本の近年の政治にも、現在から見ると評価すべき動きはあったのだと、ご本を読んで思いました。

與那覇　ありがとうございます。普通は平成政治史のキーワードは「政権交代」であって、正反対のニュアンスを持つ大連立にここまでこだわる本も珍しい（笑）。自覚的に狙って書いたわけではないのですが、「他者を蔑《ないがし》ろにしない感覚」というか、違いを認めた上で一緒に困難に取り組んでいこうと、そういうスタンスの政治が自分は好きなんだろうと思います。

もちろんあらゆる連立には、過半数割れや衆参のねじれを解消したいといった卑俗な動機がありますよね。しかしやむを得ずとはいえ、違う意見の人とも擦り合わせてやっていかないといけない状況になって、人は初めて自分の思想の自明性を疑い、主張を異《こと》にする相手にも納得してもらえる論理や身体性（＝発言する際の姿勢）を真剣に考えるようになると思うのです。それこそが無限ループを抜け出る糸口ではないかと。

一方で「天皇と安倍さんは仲悪いらしいから、天皇を担ごう」という人は、何も考えていない。善悪のレッテルを自他に貼り付け、強そうな人を味方に引き入れて勝とうとする発想です。

苅部　しかも、天皇はあまり多くの言葉を発しないから、勝手に幻想を投影できるんですよね。

加害と被害の相互浸透

與那覇　『秩序の夢』というご著書もある苅部さんの研究対象には、二つの系統があるように感じることがあります。一つは和辻哲郎や南原繁《しげる》といった、戦前以来の自由主義者たち。和辻は日本の習俗、南原は「徳のある統治者」としての天皇といった、伝統的なモチーフを基に秩序と自由とを両立できる身体性を考えたと思います。

もう一つは、戦後に共産党員だった時期もある安部公房や、戦前に反ファシズムで戦った美学者・中井正一《まさかず》です。彼らはむしろ、近代以前には存在しなかった「ニューメディア」を通じて、個人の自由を最大限に拡張しつつ、それでも調和が壊れない斬新な形の秩序を夢見ていました。たとえば中井が映画製作をモデルに構想した社会連帯のあり方は、安部以上にベンヤミンと強くシンクロするものがあります。

平成期に多くの識者が「あるべきインターネット社会」を語ったのは、中井や安部が見た夢が現実になるかもしれないという空気の産物として、位置づけることも可能でしょう。しかし令和のいま、そうしたユートピアにリアリティを感じる人はもういません。

私の『平成史』は昭和天皇とソビエト連邦がなくなり、右と左の「タブー」が同時に消えるところから始まります。そうした時代には、既存の思考の枠組みなんて、新技術で全部外してしまえとするスタンスが、解放感を与えてくれて人気が出る。しかしタブーを外し過ぎた結果、むしろここから「無秩序が始まる」のではないかという不安が、米国でのトランプ現象を見た平成末期から高まってはいませんか。

苅部　日本社会が戦後民主主義の時代に入り、知識人の言論空間をリベサヨが支配しても、ごく普通の善男善女たちの間では、権威主義的で差別的な風潮がずっと続いてきたと僕は思っています。それでも二〇世紀のあいだは、そういう差別的で排他的な気風を、公の場で堂々と示すことは少なかったでしょう。言論空間では本音を口にするのを避け、建前を示すことが大事という姿勢が定着していた。

これに対してインターネットのSNSは、これまで社会の隅々《すみずみ》で愚劣なことをつぶやくだけだった人たちが、社会にむけて発言することを可能にしてしまったんですね。それをどう規制するかが、今後の課題になるでしょう。

そして、差別や権威主義を批判する側も、従来からあったタブーの存在を暴露し、糾弾行動を拡大させてゆく。このキャンセル・カルチャーの現象も世界中で展開していますね。

與那覇　あまり好ましい二分法ではありませんが、タブーを暴露して破るという行為が「強者と弱者」のどちらのものか、わかりにくい点に困難があると思うのです。その意味で平成史の展開は、世界史に先駆けていた側面さえあったように感じています。

たとえば社会に傷つけられたと自認する支持者が、むしろマッチョで加害的な政治家に自分を投影する逆説が、トランプ現象では指摘されました。しかし、これは石原慎太郎都政（一九九九～二〇一二年）の下でずっと言われ続けたことで、むしろ平成の日本ではおなじみの光景だったはずです。

宮台《みやだい》真司さんが、平成初頭に援助交際する女子高生を、強い主体だと見なして応援したのは「間違えた」とする反省をよく語っていますね（大澤聡編『1990年代論』河出ブックスなど）。彼によると一九九六年頃が分水嶺で、それ以前は「既存のルールや道徳がなんだ！」という感じの子が、自分の意志で積極的にカラダを売っていた。しかしその後はリストカット的な自傷行為の一種として、むしろ心を病んだ弱い子が売春するようになったと。

この九六年の年末に、先にも触れたとおり「新しい歴史教科書をつくる会」が発足しますが、彼らに代表される歴史修正主義にも「強者と弱者」の倒錯した浸透が見られます。つくる会の初期には、われら日本人こそが東京裁判史観や、左派優位の戦後の言論空間の下で「抑圧されてきた被害者なんだ」とする感覚が主たる原動力でした。

しかし一九九八年には小林よしのりさんが極度にマッチョな『戦争論』（幻冬舎）をヒット

させ、平成後半のビジネス保守本では「日本はすげえ。中韓はザコ」といった強者モードの語りが大勢を占めていきます。

苅部　つくる会を準備した「自由主義史観」研究会について、與那覇さんは『平成史』で「昭和のホンネ」の噴出という言い方をしていますよね。しかしあの運動の出発点では、従来の左傾した教科書の歴史観だけではない、さまざまな立場からの歴史の物語を交錯させようという志向もあったと思います。坂本多加雄《たかお》先生などはそうだったのではないでしょうか。

しかし、「自虐史観」をのりこえる運動を始めると、そのとたんに差別主義的で権威主義的な善男善女、とりわけおじさんたちが集まって運動の中心を占拠してしまう。それが「昭和のホンネ」の実態でしょうね。

與那覇　身体感覚だけで他者の異論を封じ込める生活態度の人たちを迎え入れ、その内面を中途半端に言語化させせると、ヘイトスピーチになってしまうと。

同じ社会で生きる以上、本当はどんな人にも加害者性と被害者性の双方があると思うんです。平成末に『知性は死なない』で行った問題提起ですが、たとえば「能力の格差」はゼロにできない以上、メリトクラシーの下で競争に勝ち続けること自体にも「そうできない弱者への加害行為だ！」と言われてしまう側面が常にある。誰にでも両面があることを前提とした主体性や身体性を考えないかぎり、異なる人と共存可能な秩序は生まれません。

それこそが平成期の諸論争の教訓だと思うのですが、しかし目下の世界は「俺たちの被害こそを、最優先で補償しろ！」と要求しあう運動の急進化ばかりが進んでいます。破局を避けるには、どうすればよいのでしょうか。

■必要なのは自己抑制

荊部　たぶん、マジョリティ（数の上での多数派に限らず、支配する側にいるとされる人をそう呼ぶとして）の側の自己抑制が必要だろうと思います。マイノリティや、権力関係・上下の秩序で下位に置かれた人々が、抑圧をはねかえそうとするとき、その言動が乱暴になってしまうのは、ある程度しかたがない。公的な言論空間における「建前」のルールに、抑圧が潜んでいることもあるわけですからね。だからキャンセル・カルチャーのような現象も、容認しないといけない面がある。

しかし、その糾弾にさらされたマジョリティの側が、同じように暴力的な語り口で罵《ののし》ってはいけない。いったんは忍耐して、とりあえずその話を聞こうという姿勢をとることが大事で、それが相互理解を通じた問題解決の出発点になる。これはまさしく、感情の次元をこえた理性の問題なんですね。

與那覇　おっしゃるとおり多数派の側が知性を働かせて、強く自制しないとできませんよね。

荊部　最悪なのは、マイノリティでない人が、素朴な心情だけでマイノリティと同一化して、「差別者」を過激に糾弾してしまうことでしょうね。

與那覇　なるほど。「この際、マジョリティも口汚くなろうぜ」というのがトランプ路線だとしたら、「いやいや、マイノリティの味方してる私、意識高いでしょ」とPRするのは彼に敗れたヒラリー・クリントンの路線。どちらもバッドエンドで、未来はないと。

荊部　歴史認識問題についても同じことが言えますね。たとえばかつて植民地の支配者だった国の人が、支配されていた旧植民地の人々の苦難の歴史について真剣に学び、心底から反省したとしても、被支配者だった国民からは「あなたたちは我々とは違う歴史のなかで、幸福に生きてきただけ」と言われてしまうのがオチでしょう。その意味で、異なる歴史を生きてきた二つの集団が、一つの歴史の物語を心底から共有することは、たぶんありえない。そのことを覚悟してつきあわないといけないんですね。

　もちろん、被支配者・被害者側の主張があまりにも不当で受け入れがたいという場合もありうるから、それと対峙する側の自己抑制だけではやっていけない場面も生じるでしょうが。

與那覇　二〇二〇年に出した、精神科医の斎藤環《たまき》さんとの『心を病んだらいけないの？』（新潮選書）でも議論したのですが、誰が加害者／被害者なのかを特定する前に、まず「話を聞く」ことが大事なのだと思います。斎藤さんの専門であるひきこもりの治療では、当人は「親に虐待されたから、こうなった」と訴えるけど、客観的にみると微妙だというケースが多々ある。このとき安易に同意してしまっても、逆に突き放してしまってもアウトで、じっくり話を聞いてあげる中で、本人自身が気持ちを整理し、つらかった記憶を馴致《じゅんち》できるようになることが、治療としては大切になるそうです。

「同意なき共感」で接して、まずは被害を訴える相手が語る来歴（個人史）につきあってゆく実践が、相互に抑制された調和をもたらすわけですが……。しかしいまはそう提案した途端に、「どうせ話を聞くだけ聞いて、はい終わり、とする強者のやり口だ！」と先回りした非難を浴びせられる、対話すら困難な環境になってしまいました。

　結果として平成末にリベラル派を席巻したのが、「天皇陛下のおことばは上品だ」のように、絶対に批判が来ないだろう特定の人物の身体性を持ち上げて、さぁこの人に倣えと唱える風潮です。こうした退嬰《たいえい》的なあり方とは異なる道は、ないのでしょうか。

苅部　デモクラシーの世の中では、政治家がそのようなパフォーマンスを国民に見せるのが大事でしょう。かつて西ドイツのヴィリー・ブラント首相が、ユダヤ人の犠牲慰霊碑に花を捧げて（一九七〇年）、その姿が報道されたようなやり方が、やはり重要だと思います。

與那覇　政治家への期待が下がる一方の現在、比重が高まっているのが芸能人をはじめとした「インフルエンサー」の振る舞いかなと思います。拙著では平成最初の一〇年間の「自由さ」の象徴として、安室奈美恵さんがTVでさらっと「彼氏いますよ」と発言した瞬間を挙げました。SNSが定着しきったいまでは、日常生活で見せる態度や姿勢を通じて、似た形で社会に影響を与える著名人も増えています。

しかし奇妙なことに、世論の側が彼らを評価する際にも「過去」を参照しない傾向があります。前々から「コロナ自粛にはもう従えない」と表明してきたミュージシャンが宴会で泥酔しても、別にいいと私なら思うんです。本人のそれまでの言動とは矛盾せず、当人なりに一貫しているのですから。

ところがいまは、直近の行為だけを見て「不謹慎だ！」と憤り、その人の来歴とはそもそも照合さえしない叩き方が主流になっています。

苅部　それこそ歴史の忘却かもしれませんね。

與那覇　そう思います。「日本国民」のような大きな単位での歴史が消えていったのが、明治一〇〇年と一五〇年に挟まる後期昭和～平成の期間だったとすると、令和のいまは「個人」の姿を見る際にすら、歴史が評価軸にされない時代が始まっている。そうした社会でも機能する、新たな「自己と秩序」の構想を探ることが急務ですね。

（文學界　二〇二一年一〇月号　構成・斎藤哲也）

戦後史の光と影

×佐伯啓思

×宇野常寛

×先崎彰容

佐伯啓思（さえき・けいし） 1949年生まれ。思想家。京都大学名誉教授、京都大学人と社会の未来研究院特任教授。主著に『隠された思考』（サントリー学芸賞受賞）、『「アメリカニズム」の終焉』（NIRA政策研究・東畑記念賞受賞）、『現代日本のリベラリズム』（読売論壇賞受賞）。言論誌『ひらく』（A&F）の監修も務める。

宇野常寛（うの・つねひろ） 1978年生まれ。評論家。批評誌『PLANETS』、『モノノメ』編集長。主著に『ゼロ年代の想像力』、『母性のディストピア』、『リトル・ピープルの時代』、『遅いインターネット』。

先崎彰容（せんざき・あきなか） 1975年生まれ。日本大学危機管理学部教授。専門は近代日本思想史・日本倫理思想史。主著に『高山樗牛』、『ナショナリズムの復権』、『違和感の正体』、『国家の尊厳』。

■「戦争を知らない子供たち」の後で

先崎　今日は與那覇潤さん、宇野常寛さんをゲストにお招きし、佐伯啓思さんをホスト、司会の私で、「日本の戦後」をテーマに語り合うという趣旨です。まず「なぜ今、戦後を問うのか」という問題があります。佐伯さんより年上の石原慎太郎さんが先日、お亡くなりになりましたよね（一九三二年生、二〇二二年没）。石原や大江健三郎、江藤淳が戦後、どうやって論壇に出て来たかというと、「俺たちは戦争世代ではないんだ」ということで出てきている。

実際、彼らは戦争体験はしていますが、まだ子供だった。有名なのは橋川文三との討論、対立です。「日本人の理念というものは戦争体験を軸にして立てられるんだ」と打ち出した三島由紀夫や橋川に対して「俺たちにはそんなことは関係ないんだ」と啖呵《たんか》を切って、若手として登場してきたのが彼らの世代です。

それよりも若い佐伯さんにとっての戦争とは何なのだろうという問いがあります。あるいは、戦後を考える時、戦争が起点になるという時の「戦争」とはどういうものなのか。

佐伯　僕から口火を切らせてもらうと、「戦後日本」というのは、「戦争」が起点となり前提となった言葉ですよね。戦争が終わって、その後どうなったか。しかしそれは戦争を引きずっているわけです。

僕は戦後、昭和二四年（一九四九年）生まれですから、戦争が終わって少しして生まれた、いわゆる団塊《だんかい》の世代になります。この辺りは、明らかに戦争というものを引きずった中で、自己形成してきたというか、少年時代から青年時代を過ごしている。今、石原慎太郎らの話が出ましたが、彼らがものすごく新鮮な印象を与えたこと自体が、戦争のひっくり返しなんですよね。

戦争の傷跡がまだある中で、「そんなものはもういいじゃないか」となった。だから非常にショッキングだった。そのあとの団塊の世代は、いわゆる全共闘世代にもなりますが、世間からは、「もう戦争の影を引きずっていない、戦後生まれの新しい世代が出てきた」とよく言われていた。

確かに、そういう自意識がなかったわけではないです。たとえば杉田二郎が作曲、北山修が作詞した「戦争を知らない子供たち」という歌が流行った(一九七〇〜三年頃)。「戦争なんて関係ない」と歌っているけれど、あえてこういう歌を歌うところに、まだ戦争の影はあったんです。様々なイデオロギーの対立もありました。いわゆる左翼と保守派の対立ですが、これも結局は戦争というものを前提にした対立ですよね。戦争というものを前提にして、あれが侵略戦争だったのか否かという対立があって、そこから戦後をどう考えるかということで、左翼と保守に分かれていく。これも戦争を基本的に前提とした思想対立だった。

ところが、それが、急激にどこかで薄らいでゆきました。よく言われるように、昭和から平成にかけて、何かフェーズが変わってしまった。昭和天皇、つまり戦争を体現してその中心にいた人が亡くなった、ということもありますし、冷戦が終わったこともある。それによって何か変わったような気もするし、しかしまた根本的なところは戦争の影が残っているという気もするんです。

そういう僕自身の意識に対して、まず皆さんがどうお考えになるか。戦後というもの、戦争というものを引きずっているという意識があるのか、ないのか。そのあたりをまず聞いてみたい。

與那覇　いわゆる平成世代から見た「戦後」ということで、今の佐伯先生のお話に応答しますと、令和の今は政治的な立場を問わず、何かに対する「アンチ」としてしか自己主張ができないことがはっきりした時代ですね。積極的に「自分はこういう価値がいいんだ」と示すのではなく、「俺はこれは嫌だ」と、何かにNOを突きつけるだけの姿勢が左右問わず、前景化しています。

平成の終わりは長く安倍晋三政権が続きましたが、とにかく「安倍は嫌だ」としか言わない人たちがいる。では一方で安倍政権を支持している人は本当に安倍さんが好きかというと、そうでもなく、彼の名前を借りてたとえば中国にNOを言いたい、韓国にNOを言いたいという、何かのアンチとしてしか自己主張ができない閉塞《へいそく》した状況が、平成の途中から始まったんだろうと思います。

それに対して、もともと戦後だって実は、戦時下の軍国主義的な社会に代表される「戦前」へのアンチに過ぎなかったじゃないかと。戦後民主主義というのはかつて非常に素晴らしいもののように言われたけれど、中身はぶっちゃけ、単なる「アンチ軍国主義」でしかなかったよね、と言えないことはない。

戦後という時代も、戦前に対するアンチテーゼとしてのみ成り立っていたけれど、しかし仮想敵である戦前、ないし戦争というものの存在感がはっきりしていた分、アンチではあってもそれなりには「まとまりのあるアンチ」をやっていた。ところがこれが平成の途中に擦り切れて消えた結果、戦っている相手・対象の方すらまとまりがある存在ではなくなり、ランダムに気に入らない者に接しては当たり散らすあり方に変わっていった。

その成れの果てが宇野さんがずっと批判され

ているような、「ワイドショー化したSNS」ですね。炎上中の「こいつのスキャンダルを叩こうぜ」として、毎日敵を見つけては日替わりメニューのように叩き続け、しかし何も生まない。これが平成の終わりから可視化されてきた、非常に貧しい「ポスト戦後」の実態ではないかなと。

宇野 今の與那覇さんのおっしゃった、「〇〇に対しての否定」「〇〇ではない」という形でしか自分の自意識を形成できないモードとしての戦後、というのは僕も同意するところです。今日でいえば、ポリティカル・コレクトネスの棍《こん》棒《ぼう》を振り回す「自称リベラル」たちの暴走、というのは僕も同感ですし、一方で彼らに水を差して回る人たちも、実は同じようなことをやっているように思います。

それはどういうことかというと、それはつまり劣化五五年体制ともいえる今日の政治状況に対して、「後出しじゃんけん」的に負けたほうに対して、具体的にはリベラルな勢力に対して、ダメ出しをすることによって、インターネット上のコンプレックス層を動員するという言論ビジネスです。こうした負けたほうを馬鹿にすれば自分たちが賢《かしこ》く見えるという、卑しいヒーリングがはびこって久しいと思うんですね。

あるいはオリンピックの問題。二〇二〇年の東京オリンピックは、僕は誘致段階から反対していました。非常に無策、ノーコンセプトであり、国策としてほぼ無意味であるオリンピックというものを何かある種の、その場のノリのようなもので、まるで戦艦大和《やまと》を建造するかのような、無為無策の下に招致してしまったことに疑問を抱いて、オリンピックに対して批判活動を行ないました。

ただそれはやめろというのではなく、決まってしまったオリンピックは、やはり国家の五〇年、百年の大計であるべきだと。「どうせならこれくらいの大きなコンセプトのあるオリンピックにすれば、沈みかけた日本にとって少しは資するものがあるだろう」という形で、もう一つのオリンピックの計画というものを立ち上げました（『PLANETS』九号、二〇一五年刊）。ところが全く話題になりませんでした。商業的にも、言論戦的にも大きな敗北をしたと思っています。奇《く》しくも、その後、オリンピックに関するいくつかの炎上騒動があって、その時に少しだけ話題になったという非常に不幸な本になりました。

その時につくづく感じたのは「〇〇ではない」ということでしか、人々はもう繋《つな》がれなくなってしまっているということです。それが建設的な対案であるからこそ、背を向けられてしまう。

ただそれは、與那覇さんが指摘されたように今日始まったことではなく、ずっとそうだったと思うんですよね。たとえば憲法九条というもの、これは一般的には偽善的な理想主義の憲法九条に対して、露悪的な本音主義の改憲論という構図で、戦後の対立を象《かたど》ってきたと考えられている。しかし実際には、憲法九条こそが、アメリカの核の傘に甘えた本音主義でもあったわけですが、それはともかく、この二つの立場はともに戦後日本の置かれた状況に対する欺瞞《ぎまん》のメカニズムを自分たちだけが理解している、という自己規定に基いた思想なわけです。

今の日本はニセモノで、だからこそその偽善／偽悪に自覚的であれ、と述べている。対する二つの思想が同じ構造になっている。これからも明らかなように、「戦後日本」というのは「〇〇ではない」という自意識でしか、社会のモードを記述できないということを、もう七〇年続けてきてしまっている。

それは、戦後の理想が、サンフランシスコ体制下の政治状況の中で矮小化《わいしょう》されていったのではなく、そもそもの起点からしてそうだったのだと思います。だからそのツケを七〇年経っても払い続けているということであるという点では非常に同感です。

佐伯 要するに戦後、戦争に負けたということに対する、何らかのリアクションがまずあって、それがたとえば憲法九条や平和王義になった。しかし次にはそれ自体に対するNO、否定という形であると。そういう構造がずっと続いてきたという理解でいいですか。

オリンピックの話も出たけれど、一九六四年の東京オリンピック、あれは普通に理解されるのは「オリンピックで日本は国際社会に復帰した、日本は戦争から復興した」ことの、ものすごく大きな国民的運動であり、国民的目標だったとよく言われる。だけど、ちょっとシニカルな観点から言えば、そのこと自体が戦争に負けたことに対するリアクションで、敗戦により国土も精神もぐちゃぐちゃになった日本に対して「いや、違うんだ」と。そういう形でしか自己表現できないということがずっと続いていると言っていいですか。

宇野 一般的には一九六四年の東京五輪は成功だと言われていますよね。それは国内の国威発揚としてもそうだし、高度経済成長のためのインフラ整備としてもそうです。オリンピックという錦《にしき》の御旗を使い、トップダウンで首都高を作り、新幹線を作り、巨大な成果があったと言われている。

しかし一方でその暗黒面のことも忘れてはいけなくて、たとえば僕はその当時生まれてもいないので本の上でしか知らない話ですが、やはりかなり強引な東京改造がよくも悪くも行なわれた。あの時に戦後の闇市や焼け野原という、まさに「戦後」のにおいが一掃されていったと。あの時に「一億総中流」の夢の中に入れた人と、そうではない人が明確に分かれていった。そういう批判はずっとあるわけですね。

だから何か、一九六四年のオリンピックはある意味成功だったけれど、ある意味では戦後中流のまどろみの中で、さまざまなことに目をつぶっていく「戦略的忘却」、そのうちただの忘却になっていきますが、そういうものの始まりだったと理解してもいいのかなと思います。

先崎　僕が佐伯さんの本を読んだ時、そして政治思想史家の坂本多加雄さんが『国家学のすすめ』(ちくま新書)とか『日本の近代』シリーズ(中央公論新社)を書いたのが、だいたい九〇年代から二〇〇一年くらいまでなんです。おそらく坂本さんや佐伯さんの本を九〇年代の終わりくらいに学部生から院生の頃に読んでいた時の、当時の雰囲気に、僕は佐伯さんのおっしゃりたいことがあるような気がします。

要するに先生たちの本を読んでいると、明らかにリベラル側をかなり強烈に意識していて、その戦後の価値観みたいなものに対して「そうではないんだ」という形で、たとえば坂本さんなら「国家学ってものが必要だ」というような、かなり受け身的な感じで、かつ戦後リベラルに対するイメージがはっきりあるんですよね。それに対してはっきり言いたいことがある、という感じがする。

佐伯さんなら、九七年に出版された『「市民」とは誰か』(PHP新書)を読んだ時にもそういう印象がありました。おそらく学生時代、二〇代の頃に読んで大人になり、現在論客として活動をしているのが、私たちの辺《あた》りが下限のような気がしています。これより若い世代だと、坂本さんが『象徴天皇制度と日本の来歴』(都市出版。のちに改題『天皇論』文春学藝ライブラリー）などを書くことで何と戦おうとしていたのか、多分見えなくなっているんじゃないかと。
　與那覇さんも宇野さんも、敗戦以来、ある種の起点から継続して否定的なことが言われている、とおっしゃった。でも僕からすると「戦争」でもいいし「リベラル」でもいいですが、「公」的なものに対して反旗を翻《ひるがえ》すという意味での否定的な態度は、僕はむしろ二〇〇〇年代くらいから急速に影を失っていると思う。今僕たちが、たとえばアンチ・オリンピックでもいいし、アンチ・ポリコレでもいいけれど、こうした運動が非常にシュリンクしているというか、社会全体が肯定か否定かに分かれるような、大きなイシューがないように思うんです。

■他律的な時代は「戦後」だけか

與那覇　シュリンクするとはつまり、論争が「炎上」に近づいているということですよね。何の理想も世界観もない人どうしが、問題の全体像を描くことなく、単に折々の目立ってるダメなやつを叩くだけの構図になってしまったと。

先崎　弱々しい、一過性のものになっている気がする。

佐伯　戦争が終わってから東京オリンピックもあった六〇年代を経て、七〇年代の初めごろに全共闘が終わるんですが、そのあたりまで、たぶん若者も大人も心の奥底で問題にしていたのが、「戦争に負けた」ことだった。占領期があり、憲法ができ、安保条約もできて戦後体制ができ上がった。そのあとは確かに平和になったし、高度成長もした。だけど、この移り変わりは、何か根本的にインチキじゃないかという感じがある。
　ところが、このインチキに最も加担したのがリベラル、左翼なんです。左翼は戦後の平和憲法を素晴らしいといったが、それは戦争に負けたおかげです。そのおかげで平和王義や基本的人権の思想も広がり、リベラル的な考え方が社会を覆った。もちろんそこに問題はたくさんありますよ。今おっしゃったような新たな貧困層も出てくるし、地方との格差も出てくる。様々な問題が出てくる。これはわかりやすいんですよ。高度成長だって、一〇〇パーセントうまくいくわけがない。公害問題とか、当然問題は生じてくる。

その問題はそれとしてある。だから左翼はそういう問題を出してきて、「ほらみろ、自民党が勝手にやっているが、国民は必ずしも幸せになっていない」として政府を攻撃したけれど、結局、自民党も左翼の革新も含めて、やはり戦後の平和、繁栄、自由を謳歌《おうか》していたと思いますね。

あくまでその枠《わく》の中ですが、戦後の高度経済成長と、平和国家万歳というもの自体が何かインチキだという気分が、七〇年代くらいまではあったという印象なんですね。

自民党は問題だが、リベラル、左翼も何かインチキしているだろう。平和王義というけれど、アメリカによって守られた平和主義だし、民主主義というけれど、実際には自民党の支配が続いているじゃないか、インチキだ、と。

ところがある段階から、攻撃する相手がわからなくなってきた。保守も左翼もインチキではないか、と。だから炎上系になってしまっているという流れかなと思うんだけれど。そのあたりはどうですか。

與那覇　アンチとしてしか自己規定できない日本人という現象が、本当に「戦後以降に限られた問題なのか」は、改めて考える必要があると思っています。

たとえば二〇二〇年のオリンピック（コロ

ナで二一年に延期）がダメだったとして、では一九六四年のオリンピックは成功たったのかというと、後者の閉幕の際に江藤淳が皮肉なことを言っています。ある意味でこれは、前近代の鎖国状態の回復なんだという非常にうがった見方をしていて、江戸時代は鎖国していたから、日本だけで世界が完結しており、これが日本人にとって非常に嬉しい秩序だった。しかしそれが開国と明治維新で壊れてしまう。そして戦争まで行ってしまうんですが、六四年に「オリンピックやりますよ」と言って、本当に全世界の代表が東京に集まったことで、再びまた「世界のすべてが今、日本国内にある」と感じられるようになったんだと。

東京オリンピックが寿《ことほ》がれたのは単に「戦争で荒廃したけれど、また豊かになったから」ではなくて、近代以前の日本人のように「世界はすべてここにある」と思い込める環境を回復したと、錯覚させるイベントだったからなんだと、突き放した見方をしていました（拙著『歴史がおわるまえに』亜紀書房参照）。

そういうことを言えば、戦争に負けたから日本人は他律的な、何か支配するものにNOを突きつけることでしか自己主張ができないあり方になったのではなくて、明治の他律的な近代化から同じだったと見ることもできるし、僕が昔書いた『中国化する日本』では、いやもっとずっと前から他律的だったんじゃないの、という話をしています（笑）。中華文明という圧倒的なインパクトを持つ存在が隣にあって、「実は有史以来、ずっとそれへのアンチでやって来ただけなんじゃない？」と。

宇野　三島由紀夫が映画『アラビアのロレンス』（日本公開は一九六三年）がヒットした時に、ものすごく批判しているんですよね。「監督のデヴィッド・リーンは『知恵の七柱』（ロレンスの回想記。邦訳は平凡社東洋文庫）を信奉しすぎている。彼はトルコ兵にレイプされて気持ちがよかったとか、虐殺を楽しんだとか、そういうことを告白しているのだが、ロレンスくらいの教養があれば、この程度の自己演出はするものだ」と。僕はこれは三島のジェラシーだと思っています。実際に、彼の晩年とロレンスの晩年はそっくりなんです。

晩年のロレンスはオートバイのスピード狂になって、若い兵士にお金を渡して、自宅の地下室でベートーヴェンを大音量で流しながら、鞭で打たれる、なんてことをやっている。で、ボディビルとか……当時はそういう言葉ではなかったでしょうが、肉体改造的なことに興味があったようだし、その背景には、短軀《たんく》であったことにものすごくコンプレックスがあった。

ロレンスにあって三島になかったものは何かというと、それは実際の戦場なんですよね。つまり、ロレンスには砂漠の戦場があったけれど三島にはなかった。三島もロレンスも、近代社会の外部としての戦場を求めていた。そして、実際に戦争に行って、ロマンチックな外部など存在しないと思い知らされたのがロレンスで、最後まで内地で「ごっこ遊び」をしていたのが三島です。

三島の中では戦争を戦うことと、他律的な日本近代を脱することは重なっていたと思うんですね。ところが戦争は三島の出征を許さないまま終わってしまった。そのジェラシーが三島の、ロレンス批判に端的に表れてしまっていると思うんですよ。だから彼に残されていたのは、自作自演的なパロディとしての戦場を演じ、その空疎さをもって文学的表現にするという、非常に入り組んだパフォーマンスだけ。それしか彼に残された道はなかった。

それはもう多くの人がさんざん、論じてきているので、今さら僕程度が付け加えることではないんだけれど、三島の自意識の問題に、與那覇さんが今おっしゃったような「○○でない」形でしか定義できない日本というのを脱することと自体が、近代日本の夢だというものが表われているのではないか。実は戦争の敗北というのは、何か軍事的な敗北、政治的敗北である以上に、日本の近代が他律的なものから脱するプロジェクトの、精神的な敗北だったんじゃないかとも思うんですね。

佐伯　なるほど。では日本は敗北することによって、何か自律的なものを手に入れたというふうには言えますすか。

宇野　いや、余計ひどくなったと思う（笑）。

佐伯　そうだよね。

與那覇　「九条は押しつけではない」とする護憲論は、欺瞞的かもしれないけれど、戦争に負けた結果得たものを「我々が自律的に得てきたんだ」と言い換えようとする運動だったんですよね。これが昭和の間は、それなりに人々を説得することができてきた。

一方で平成前半の、我々くらいの世代が「反・戦後民主主義」という問いの立て方に意味を感じ得る最下限の世代じゃないかというお話が先崎さんからありましたが、平成の前半は佐伯さんたちの、いわゆる右からの戦後批判以上に、もっとラディカルな左からの戦後否定が盛り上がった時代ですよね。つまり「丸山眞男は不十分なんだ」というタイプの批判がインパクトを持った時代で。

他にもその頃よく言われたのは、廣松渉《ひろまつわたる》が亡くなる直前の一九九四年に、「東亜の新体制という理想は今こそ生きるんだ」と唐突に言ったように、日本から本当に普遍的な、アンチではないビジョンが出せる可能性はむしろ戦前にあったのかもしれないと。それが僕が大学院にいるところ、すごく流行した視点でした。

佐伯　なるほど、僕も與那覇さんがおっしゃったように、戦後日本というものを考えるためには、まず明治から考えなければならないと思っているんです。明治の近代化からの問題だと。それを考えるためには、本当を言えば、律令体制ができる飛鳥から奈良時代のあたりが一番問題だったと思っているんですが。そこまでさかのぼると大変なので（笑）。

先崎　確かにさかのぼればさかのぼれますが、今回の佐伯さんの興味で言うと、アメリカとは何なのかという話に、おそらく限定したほうがいいのではないでしょうか。ある普遍的価値を押し付けてくる存在としてのアメリカというのが、戦後の特徴を明らかにするのではないか。ヨーロッパとも違うし、律令体制の中国の儒学とも違うし、先生の研究の一つだとも思う。

それからもう一つは、僕は佐伯さんよりも年下の世代なので、意外に右左両方の論客を平等に評価するところがある。なぜかというと、佐伯さんが行なっているのは批評的な営みですが、では批評とは何かというと、戦後にアメリカならアメリカの価値観をベタっと信じちゃっていることへの懐疑です。それにあたるのは、たとえば、坂口安吾《あんご》の言っていることなどに近い。

つまり社会全体をある価値観が支配してしまうことへの違和感を持ち続けることが、批評の生命線だと思う。いわゆるリベラル、丸山眞男を中心としたリベラル以外の人たちでも、吉本隆明だったら「亀裂」という言葉を使うし、柄《から》谷行人《たにこうじん》だったら「固有名」という言葉を使うし、加藤典洋だったら「転轍《てんてつ》」という言葉を使う。ある批評的なセンスを持っている人たちは、みんな同じことを考えようとしてるんじゃないかという感じはあるんですよね。

■「語り口」以外に主体性はあるか

佐伯　今の話を僕なりに引き受けて言うと、そもそも日本とはどんな国かという厄介《やっかい》な問題はありますよ。でもそれはとりあえず置いておきましょう。

日本が、他律的なもの、海の向こうからやってくるものでしか自己アイデンティティを形成できないのか、もう少し自律的な形で日本を立ち上げることができるのかというのは、日本の、永遠の大問題です。

明らかに戦前は西洋に追いつこうとしていた。與那覇さんからすると、西洋近代のもう少し前に「中国」もあるというのだろうけれど、そこまでは言わずに、西洋に追いつきたいというところから考えたい。これは他律的と言えば他律的だけれど、逆に言えば西洋を鏡にしながら自立を計ろうという、福沢諭吉なども考えた、矛盾に満ちた日本の独立ですね。

では戦後はどうなったかというと、戦後の大きな問題は、日本の戦前からの自立の運動が、結局、大東亜戦争にゆきついた。それで日本は敗北した。敗北しただけならいいが、占領下のもとで、「日本の侵略戦争だ」と定義づけられそれが公定化された。そのことから来る大きなトラウマやコンプレックスというような、マイナスの意識を、戦後の多くの日本人が持ったと思いますね。要するに「語り口」で戦争を補おうとした。

さらに言えば、それにもかかわらず、八月一五日を境《さかい》として、日本の何もかもが戦後民主主義万歳に変わってしまった。この変質に対する一種の、自分自身に対する不信感というものが、日本に植え付けられたような気がする。その上に、「平和と繁栄」やら経済発展やらが出

来上がっていく。それで今おっしゃったような
アメリカとの関係も出来上がっていく。

だからこの他律というのは、アメリカから憲法を押し付けられたとか、戦後日本が日米同盟でアメリカに防衛を依存するとか、そういう意味での他律ならまだいいが、その前提条件として、我々自身が主体を失ったということです。

戦後の焼け野原で、精神的にも完全に空洞が出来上がってしまった。それを代補するために、平和憲法を持ってきたり、アメリカを持ってくる。保守派は日米同盟堅持で行く、左翼は平和憲法万歳で行く。しかしこれは全部ひっくるめたら同じ話じゃないか。戦後の焼け跡に出来上がってしまったバラックをちょっときれいに見せているだけの話じゃないかと。僕はそういう意識なんです。

先崎 戦前であるならば、「大東亜共栄圏」という、日本では珍しくも価値を打ち立て、世界にフレームを作ろうとした。それに対して戦後の平和主義やある種の護憲派というのは、それを世界に誇れるものだというけれど、佐伯先生などからすると、それは全くの付け焼刃であって、日本の価値に根差していないものを挿《す》げ替えているだけなんだと。

それこそ最近で言えば、ＳＤＧｓなどヨーロッパ発のフレームに日本が必死で対応しようとしている。これは入江昭『日本の外交』（中公新書）に書いてあったことですが、日本が何か、外側に向かってフレームを作ろうとしたときって、ある意味ろくなことが起きていない。それもあって、基本的に他律的なものにどう順応するか、たとえば今ならＥＶ車への転換も含めてせっせとやっている。外部に「正しい」ものがある。

その中で僕が一つ、この掲載誌『ひらく』に書いたことですが、日本の価値って何だろうと

考えたときに、やはり折口信夫《しのぶ》と三島由紀夫という、対照的な日本のイメージが浮かんでくる。双方天皇を異なるイメージで語っている。三島は基本的に日本の価値を言うときに、武士道みたいなもの、強いものを出してくる。ところが折口は儒学とも仏教とも違う日本の価値を天皇に求める時に、それは究極的にセックスの話になると言うんです。こうした性的な問題から国家を考えるというのは、吉本隆明の『共同幻想論』（角川ソフィア文庫）と折口とで、どこか通じていると僕は思っている。

折口によれば「色好み」、つまり男性である政治的な為政者が、女性という大勢の巫女《みこ》と交わることによって、より豊かな日本という権力社会を作ろうとする。『源氏物語』の光源氏もそうですよね。そこには女性性が必要であり、性が必要なんだと古代日本は考えたんだということを、折口天皇論は展開している。

こういう日本文化の出し方というのは、「他律的」とか「いや、自律的であるべきだ」ということを抜け出す、とても豊かなものを持っている気がするんですよね。

他律を乗り越えるためには、何か、エロスと言ってもいいのかもしれないけれど、身体的なものと、より抽象化された精神的なものを見なければならない。

宇野　先ほど、加藤典洋の名前が少し出ましたが、これは語り口の問題だということを、『敗戦後論』（ちくま学芸文庫）の際の論争で、高橋哲哉に反論するときに取り上げていますよね。

あれは非常に面白い論争だったと思います。あれは要するに他律的なものを自律的なもので乗り越えるという近代日本のプロジェクトに、実力行使で失敗したのが戦前であり、それが「語り口」でしか表現できなくなったのが戦後である、ということを言っていたのだと思います。自律を実質的に実現することは不可能だからこそ語り口によって、せめて自分たちが置かれたこの状況に自覚的になろう、そしてそれはひとつのアイロニカルな社会の成熟の形に成り得るんだということを考えていたと思う。

だから問題は、この「語り口」しかない日本ということなんだと思うんですね。それは戦後特有の問題だったのではないかと。

では、現代はどうなのか。僕の領域に少し引き付けてお話しさせていただくと、現代の情報環境の中では本当に「語り口」だけが肥大してしまっている。今インターネットを中心とする言論空間で起きているような、一見政治的、一見思想的な対立というのは、実のところ「語り口」の対立でしかないわけです。

それはもっと言ってしまえばナルシシズムの持ち方の対立でしかない。自分はロマンチックな主体であるという自己像を持っていて、それを自分に言い聞かせている人がリベラル的な建《たて》前《まえ》を語り、自分はクレバーな人間であると思われたい人は露悪的な本音主義に加担して冷笑的になっていくだけで、実質的な政策論争や政治論争、思想的な対話にはなっていないと思う。

それはある語り口を用いることによって、同じ語り口を好む人たちからの承認を得ているだけです。しかも実質的なコストは限りなくゼロに近い。すでに流通している言説のうち、自分が動員したい層に受けそうなものをアレンジすればいいだけなので。

それは別に、シリコンバレーのプラットフォームを日本人がつまらない使い方をしたからこうなっているわけではなく、少なくとも戦後のある時期から、メディア上の言論はそうだったと思う。それこそ僕が小学校高学年から中学校の頃に「朝まで生テレビ」が放映されていて、西尾幹二さんとか、西部邁《すすむ》さんとかが出てきて、進歩的な知識人をボコボコにしていた。

でも実際に、当然、『ひらく』でこういうことを言うのはおこがましいですが、西尾さんと西部さんでは言っていることが全く違う。保守と言っても守りたいものすらも全く違う。共通しているのは「語り口」だけなんですよ。露悪的な語り口によって戦後のフェイクを暴き出すという点では、この二人は共通している。

実際にああいった「朝ナマ」的な番組にここにいる皆さんは出たことがあるかと思いますが、ああいった場では実質的な議論は何も展開されず、リテラシーの低い視聴者をいかに騙すか、「俺の方が賢いといかに思わせるか」という印象操作のゲームだけが存在している。そこに特化した人間が、さも場を支配しているかのように振る舞える。

でも、「朝ナマ」は何か、平成期、それ以降の言論空間を象徴するような討論番組であったことは間違いないし、僕はいみじくも、今の日本の言論・思想状況すらも、まだ「朝ナマ」の射程内にあると思う。実際に今日のSNS上の世論形式は、この「朝ナマ」的な無内容なゲームをユーザー全員でやっているようなものですから。でもそこは単なるテレビジャーナリズムの空疎さということではなくて、「語り口しかない戦後」の問題だと思っているんですよね。

ではどこで我々はそういう語り口に対して、戦前とは異なる意味での実質を対置することができたんだろうかということは、実は僕がずっと気になっている問題です。

先崎　でもその「実質」というのが、僕は危険な気がしていて。

宇野　そうですね、それもわかります。

先崎　それこそ三島由紀夫の行動主義と同じで、本当に憲法改正して自衛隊を国軍にして、そして、というのと表裏《おもてうら》な気がしている。今は思想の問題が、どれだけ役に立つのかみたいな話につながっていて、今の「語り口」の問題につぃても、結局「人をどれだけ動員するか」であり、そこにはほぼ信念が要らないということですよね。

その場、その時の状況において、どの立ち位置にいれば今一番人を集め、賢そうに振る舞えるか、という問題になってしまう。そういうのは與那覇さんの話で言うと、歴史みたいなものというのが終わったって話と通じるんじゃないでしょうか。歴史とか思想で言えば、「自分は絶対に保守である」という信念みたいなものが、ほとんど必要なくなってきている時代だという話をしているのじゃないかと。

與那覇　あらゆる言論が自己啓発本としてのみ読まれる時代というか、テクニックやハウツーがすべてになってしまう状況のことですね。

宇野さんのおっしゃる「語り口でしか主体性を発揮できない」事態ですが、世の中にはいつの時代も一定数、「自分は頭がいいぞ」と周囲に見られたい人がいて、そういう人は「虚妄だとわかった上で言っていますからね」とエクスキューズをつけたがるわけでしょう、右も左も。

完全に自立した国家・日本なる存在は、冷戦体制の下では存在しえないし、ポスト冷戦期ならできるかと思いきや、やっぱりできなかった。だから「わかった上で言っています」「だからベタに信じている人よりも頭がいいんです」というPRを、論壇の皆がしてきたと。

実は先ほど、日本文化論は本来、三島と折口でペアではないのかと先崎さんがおっしゃったとき、自分はちょっと違う喩えを考えていて。ある意味三島と折口というのは、戦後のメディア史を振り返りつつ宇野さんの専門に引きつけると、「少年漫画と朝ドラ」の住み分けじゃないかと感じたんです。

宇野　あ、わかる。

佐伯　わかるんだ（笑）。

■歴史のゆくえは「捏造か忘却」？

與那覇　日本人は近代を他律的に受け入れたという話を論壇っぽく格式ばらずに、誰もが楽しめるエンタメに加工すると、女性主人公になるわけです。女性が「受動的な性」であるという通俗的なイメージを前提とした、一九八三年度の『おしん』の大ブームみたいな話ですね。「他律的に生きさせられた日本」を女性に仮託して表現すると、わぁーっと国民に支持される。

ただ、それだけだとストレスがたまるので、「そうじゃない。俺自身が世界の主人公で、主体として世界を変えていくんだ」という話も別に作り、完全なるフィクションの世界観で男性向けのバトル漫画として発散するという。既存のジェンダー秩序と癒合《ゆごう》しつつ、いわゆる知識人以外にもそういう形で定着していたんじゃないかな。

一方で思想も信念もなく、動員ハウツーや論破術ばかりになってゆく現状と、歴史の喪失との関係では、最近、吉本隆明の『憂国の文学者たちに　60年安保・全共闘論集』（講談社文芸文庫）を読みました。僕は吉本にピンときたことがなくて、ずっと敬遠してきたのですが、近年は先崎さんと宇野さんがともに再評価されていますから。

そこで思ったのは、戦後思想には「戦前に対するアンチ」という成り立ちがあるわけですが、そこで二方向への分岐があったのかなと。以前、福嶋亮大さんとお話しした時、丸山眞男と吉本隆明の違いが話題になり、福嶋さんは「上からインテリ目線の丸山と、大衆の原像を信じる下から目線の吉本」ということだった（前掲『歴史がおわるまえに』所収)。しかし今考えなおすと、要するに戦後の日本に現存する、対米従属的な欺瞞を持ちつつも憲法九条は維持し続ける中途半端な権力・国家機構に対して、丸山の路線は、それを我々が「ハンドリングしていく」という話だったと思うんですね。

たとえ国の統治者が戦前肯定派を多数含む自民党であったとしても、私たちよき市民がコミットすることで、ダメかもしれない戦後の日本を、もっといい方向へ持っていくのだという自意識。これが平成に入ると、自民党に代わる政党を育てようとする、リベラルな政治学の議論にいった。それこそが、結局自民党を倒せなかった戦後を超える、「脱戦後」のあるべき戦略だという方向ですね。

一方で吉本は「擬制《ぎせい》の終焉」(前掲書所収)という、六〇年安保の顛末を、指導部よりもさらに左の側から総括した有名な評論で書いていま

す。具体的には花田清輝《きよてる》を批判しつつ、「ロシア革命、中国革命は偉大な出来事だった。それに対して日本の敗戦なんて大したことはない」と共産党系の連中が言うのは、何もわかっていないのだと吉本は主張する。

吉本にとっては日本の敗戦こそが圧倒的な出来事であって、ロシア革命や中国革命なんて大したことはない。それらは既存の国家機構を労働者階級が乗っ取りましたというだけの話で、国家が死滅したわけではない。ところが敗戦では、我々がそれまで信じてきた大日本帝国と、その価値体系が一気に吹き飛んで消えたじゃないかと。これこそが人類史にも稀《まれ》な奇跡であって、「社会主義革命ではないから大したことありません」と言っている教条的な左翼こそ本質をつかめていないと。

戦後の中途半端でダメな国家でも、そこにコミットして何とか私たちの考える側に持ってい

こうとする丸山の想像力と、逆にインチキなら全部消えてもいい、今あるものがリセットされる瞬間を観《み》たいという方向に行く吉本の想像力の、両方が戦後の日本にはあったと思うのです。前者は、平成に入って「二大政党制と政権交代で、戦後は乗り越えられる」となったのに対し、後者はむしろ「もう日本ごと、かき消えちゃえばいいんじゃないの」となっていった（笑）。狭義の政治ではないところで、世の中が覆《くつがえ》るところを観たいというか。

宇野さんはずっと批判的ですが、アニメの「セカイ系」にはまさに、吉本的な夢想を引き継いだところがありますね。あるいはインターネット革命を徹底すれば、今ある議論は全部無効になるくらい世の中新しくなるんじゃないの、といったビジネス界のパラダイム・シフト待望論も、また別の形での「吉本路線」だったのかもしれないと思うんです。

宇野　僕の専門領域に近いのでちょっと補足すると、戦後のサブカルチャーの中で考えてみると、先ほど與那覇さんは「少年漫画と朝ドラ」というふうにおっしゃっていましたが、それはアニメの世界で言えば、『宇宙戦艦ヤマト』と『うる星やつら』なんですよね。どちらも男性向けのもので、女性向けにはまた別の解釈があって、それは留保をつけておかないといけないのですが、『宇宙戦艦ヤマト』は、日本を連合国側に置いた第二次世界大戦のやり直しなんですよね。ナチスドイツをモデルにした宇宙人が地球に攻めてきて、日本人が戦艦大和を宇宙戦艦に改造して、日本人だけが乗組員で地球を救うという荒唐無稽な物語が語られる。『うる星やつら』は、何度正月が来てもお盆が来ても、年をとらない楽園で、高校生の主人公の少年が様々な美少女に囲まれて、終わりなき日常を満喫する。

前者が歴史の捏造《ねつぞう》なら、後者は歴史の忘却なんですよね。さんざん言われていることかもしれませんが、これは戦後の二つの思想的態度です。戦略的にアメリカのケツを舐《な》めていれば大人になれるんだという偽史《ぎし》を構築することによって、成熟を仮構する人々と、そうではなくこの欺瞞に満ちた平和を受け止めて、エコノミック・アニマルと言われても、経済成長を果たして、経済大国として分厚い中流層を形成していくのが、戦後日本らしい成熟の道だという、二つの「捏造と忘却」という道です。

当然、この二つはコインの裏表です。そういったものに対して政治以外のコミットで、何か戦後の日本を終わらせようという目がもしあったとすれば――僕はなかったと思っていますが――それは、楽観的なグローバリゼーションと情報技術への信頼に基《もと》づいた経済分野からの変革ですね。

一九九〇年代後半の、シリコンバレーで芽吹いた情報産業が、ボーダレスで国境を無視した世界市場に対するイノベーションを起こすことで、政治的ではなく経済的なコミットによって社会変革をしていく。これをヨーロッパの左翼は「カリフォルニアン・イデオロギー」と罵倒したわけですが、そういうものを内面化した日本人というのは少数だけれど確かに存在していたのは間違いない。それが最も脱政治的な運動として、可能性があったものというか、目に見える形で現出したものだと思います。

これがよかったことか悪かったかは歴史の審判に任せるしかないのですが、僕は、日本におけるそういう動きは「ごっこ遊び」の域を出なかったと思います。単純に経済規模を考えても、東京のそれはシリコンバレーや深圳《シンセン》と比べて圧倒的に小さく、正直言って話にならない。現に誰も日本製のスマートフォンを使っていなければ、そこにインストールされている主なアプリケーションも国産のものはほとんどない。これによって日本は産業の最先端から遅れ、製造業という二〇世紀までのテクノロジーに依存する古い国家に成り下がっていった。

ところが、そこから時代はもう一周しているはずで、おそらく二〇一六年のトランプ登場で何が見えて来たかというと、「カリフォルニアン・イデオロギー」の敗北ですよね。彼らの楽観的な情報技術を用いた経済的なアプローチによる社会の変革というビジョンが、政治側の逆襲によって手ひどいしっぺ返しを食らっていると。彼らがいくら「我々はグローバルな情報産業にコミットし、社会を変革し世界市民を生みだす」と言っても、そういう新しい産業にコミットできない大多数の国民は民主政治においてアンチ・グローバリズムを選ぶ。その象徴がトランプであると。

トランプが良質なアンチ・グローバリストだったかどうかとは全く別の問題ですが、やはりここで時代は一回りしている。

ここにいる先崎・宇野・與那覇はほとんど同世代で、四〇代前半ですが、我々の二回り下の世代は、もう一回、再政治化していると思います。それこそSDGsやポリティカル・コレクトネスといった、時に揶揄《やゆ》されるような「正しさ」というものについて、無防備に受け入れるところもあるし、非常にピュアに社会改良というものを信じて、声をあげるというメンタリティがある。

それはやはり上の世代が、シリコンバレーのプラットフォーマーの失敗というもの、オバマからトランプへの転換を見て育った世代ですから、世界的には、その反省の上に成り立っている世代が出てきている。

しかしこうした一連の流れから、日本はそれがプラスに作用するか、マイナスに作用するかはわかりませんが、単純に経済産業的な失敗と社会の保守性によって取り残されてしまったというのが僕の理解です。

佐伯　今の、日本がＩＴ化し、情報ネットワークで結合された中に取り込まれて出られなくなるというのは、平成以降ですよね。どうしてこうなっていったかというと、先ほどの與那覇さんの話に戻るけれど、丸山と吉本の対立みたいな話が根本にあると思う。

丸山はおっしゃったように、民主主義は擬制かもしれないけれど擬制と知りつつ守っていけば、日本も多少はいい国になるだろうと考えたのかもしれない。でもそのこと自体が、別の角度から見ると西洋主義的なエリート主義者に見える。実際には国民の大多数はそんなことを考えていない。うまいものを食いたいし、目の前に楽しいことがあれば飛びつきたい。吉本は確かに一方、敗戦で全部ひっくり返り価値観もぶっ壊れて、無茶苦茶になった、そのことを認めなければならないと言っているかもしれないけれど、何か変わらないものがあるとすれば、それは大衆だと思っている。

大衆の心情というのは、戦争があればそれは鬼畜米英になるだろう。戦後になって平和主義になれば、平和の中でそれなりの満足を得たいと思う。それが大衆というものだから、それを前提にするほかない。

それを「大衆の原像」と言っていたんでしょう。ところが、結局七〇年代くらいまでくると、丸山のインチキさがはっきりしてしまって、「そんな西洋的な民主主義は日本に根付かないじゃないか」となった。思想としての西洋を日本に持ち込んできて、日本社会を変えようというエリート知識人ではダメだということが、共通理解になってしまった。

そうすると、吉本の大衆論の方がいいじゃないか、となって、全共闘世代はどちらかというと吉本に対してシンパシーを持ったんです。でもこれが八〇年代に入ると「吉本の言う大衆もいい加減じゃないか」ということになってくる。コム・デ・ギャルソンが出てくると吉本が喜んで着てみたり（一九八四年。『an・an』誌上）。するると「大衆など、何の変革のエネルギーにもならない」という話にもなってくる。

そこでおそらく、丸山・対・吉本という構図も八〇年代に完全に破綻するんですよ。ではそのあと、九〇年代に入り、平成になってどうなるかというと、宇野さんがおっしゃるように、ネットという全く新しい、それまでなかったような装置が入ってきて、そこには知識人も大衆もないんですよね（笑）。

與那覇　いまのツイッター〔二三年に「X《エックス》」に改称〕が典型ですね（苦笑）。どちらも平板化されて、フォロワー数の多さと、使う言葉の激しさだけが「戦闘力」を決めますから、発信者の知性なんて問われていない。

佐伯　みんながネットの中に入ってしまって。だから対立を作り出そうったって、丸山・対・吉本みたいな対立など擬制にしかならない。だからフィクションとしての正義をいくつかの勢力が打ち立てて仲間を募《つの》ってきて、「俺の方がすごいだろう」という。そういう話にしかならないということなのかな。

■敗れた全共闘はどこへ行ったか

先崎　今の「コム・デ・ギャルソンを着てしまった吉本」を、宇野さんはおそらくもう少し違う形で読んでいたはずです。肯定的というか、面白く読もうとしているはずだと『遅いインターネット』〔幻冬舎。のち同社文庫〕を読んで思ったので聞いてみたい。

それと、僕は吉本ってすぐに「大衆の原像」の問題に着地していくのですが、一番重要なのは言語の問題を彼が考えたことだと思っているんです。それはどういうことかというと、吉本隆明のセンスのよさって、沖縄問題を僕が読んでいた時に感じたところがある。それは沖縄返還の時に、結局右と左は同じだというんですよ。『沖縄ノート』（岩波新書）を書いている大江健三郎も、非常に民族的な情念に基づいて沖縄を立ち上がらせようとしている。民族主義になっているし、右は右で、「日本国家の自立と独立」というのを民族の問題だと言っていて、それを吉本は「どちらにもくみしない」と書いているところに僕は彼のセンスの良さを感じた。

かつ、『沖縄ノート』を言語の問題として考えたのが江藤淳だったんですね。江藤が言っていることはすごくよくわかって、『沖縄ノート』を読んだのは最近のことなんですが、あの文章は明らかにおかしいんです。非常に閉ざされたモノローグなんですよ。それに対して江藤は「言語として閉ざされていて開かれていない」と言っていて、吉本も同じく『言語にとって美とはなにか』（角川ソフィア文庫）を書くし、やっぱり言葉の問題に二人が共通して取り組んでいる点は落とせないんじゃないかと僕は思っています。

先ほど「語り口」の問題が出ましたが、結局「言語」って、保守的である人間からすれば、小林秀雄を想起せざるを得ない。言葉といえば日本語であり、日本語には死者とのつながりがあると言わざるを得ない。ところが現代社会における言語とは、そういうものを全く喪失した言語をつかい、それを意見だと思って応酬している。

言葉から時間性みたいなものが剝奪《はくだつ》されているということが、僕は吉本などからつかみ出すべき論点ではないかと思うんです。

宇野　八〇年代以降の吉本は、多分に思い付きを書いているだけの人で。

先崎　確かにひどいんだよね（笑）。

宇野　本当に、アイデア自体は面白いですし参考になりますが、その思考を自分の中でほとんど熟成することなく、取り巻きたちにおだてあげられながら、かなり適当なことを書き飛ばしていたことは間違いなく、この前提がない限り吉本に関して論じることは無意味だと思うんです。

団塊世代の吉本読者からは殺されそうなことを言っていると思いますが、その前提からしか出発できない。そのうえで、吉本は当時、消費社会を肯定したというのは、僕の想像では、全共闘のイデオローグだったことの反省があったと思うんですよ。

彼の実質的な言説というのは理論的、抽象的な次元にあったんだけれど、じゃあ実際に団塊世代にどう受け止められたかというと、自分たちの保守転向に正当性を与えてくれる言説として、受け取られた。ひげをそり、髪を切り、ネクタイを締めて、「大企業の社畜《しゃちく》になっていく」（佐高信《し》）ことを、吉本が肯定してくれると。ではどういうロジックで肯定できるかというと、やはり、自分はこれからは対幻想《つい》を足場にするのだ、と。共同幻想から自立して、妻と子供を守ると。だから私の生き方は恥ずかしいものではないという理論武装を、吉本は結果的に与えた。

ところがその実態はひどいものだった、彼らは確かにマルクス主義からは自立したかもしれない。しかしその引きかえにいわゆる日本の大企業の社畜になっていったわけです。そして、家庭では家父長崩れになって、日本のジェンダー後進性というか、矮小な戦後的父性を体現する存在になっていった。

ここから導き出せるのは、吉本は個人幻想、共同幻想、対幻想はお互い独立していて、ある幻想に依拠することで他の幻想を相対化できるように考えていたけれど、やっぱり近代社会の複雑性は容易に解離《かいり》的な主体を生み出してしまう。別に、自分は妻と子を守るために喜んで社畜になるという実存は、往々にしてあり得るわけですよね。そこで彼は大きく失敗していると考えます。

言ってしまえば、六〇年代末の吉本が対幻想による共同幻想からの自立に失敗したからこそ、八〇年代においては、個人幻想、個人の単位での自立を、消費社会で夢を見ることによってかなえようとしたと思う。しかし当然、消費による自己実現なんてものは一過性のブームにすぎず、単に「個人消費」という新しい現像が珍しかっただけの、真新しいものに対して引き寄せられるというか、それはまるで蛍光灯に寄ってくる蛾《が》のようなものを、あまり深く考えずに持ち上げてしまったところがあって、今、読み返すとなかなかつらいものがあります。

ただ、吉本の失敗から僕らが学ぶべきものがあるとすれば、やはり先ほど言った、ある幻想によって別の幻想を相対化するというプロジェクトを、一度諦めるべきじゃないかということですね。共同幻想をあきらめない人々は『宇宙戦艦ヤマト』的な偽史に行ってしまった人々なんですよ。捏造によって戦後的なものを超克しようという人々。対幻想で自立しようとする人は、『うる星やつら』的な忘却を選択していると言えて、それはコインの裏表で、優劣をつけられるものではない。というかどちらも失敗した思想で、戦後の虚構空間というものを突破できる何かではない。

なので、人間間のつながりによって、戦後的な欺瞞というものを突破しようということを、一回僕らは断念すべきだと思う。もう少し時間的にも空間的にも、長い射程を持ってこない限り、この問題はなかなか解決できないんだろうと、吉本の失敗から思います。

で、ちょっとだけ付記すると、じゃあ今のSNSのようなものはどうかというと、非常に吉本的な世界なんです。つまり関係の絶対性だけで出来ている。

與那覇　それを吉本的と呼ぶのは、セカイ系に喩えるのと比べてもさすがにかわいそうじゃないですか（笑）。つながっているフォロワーへの見てくれだけを重視して、発言の内容は後から決める、ベタな人間関係至上主義ということでしょう？

宇野　でもそうだと思っていて、関係の絶対性だけに支配されているんですよ。言いたいことはわかるでしょう（笑）。

與那覇　最近も友人の歴史学者（呉座勇一氏）をめぐって、セクト闘争そのもののネットの炎上に巻き込まれましたから、大変よくわかります（苦笑）。

宇野　語り口しかない戦後というのは、関係の絶対性の支配する社会なので。今の建前としての思想や政策論争すら不必要となっている現代の情報社会というものは、吉本の言う関係性の絶対性が支配するディストピアなんですよね。

そういうものを克服するカギとして出されたものが、吉本の場合は晩年、大きく傾倒したであろう日本の「霊性」、母性論とかあの辺ですよね。実際、ああいうものが有効かどうかは、僕は懐疑的ですが。

先崎　今改めてここまで話してきて思うのは、日本の空間そのものにある種の亀裂、アンチみたいなものを建てること自体が、語り口、これはロマン主義で言うと内面の充実ということになるけれど、それでもできないし、三島由紀夫みたいな荒行《あらぎょう》的な行動でも示せないということが確認できているような気がしている。

今日はたまたま、浅田彰《あきら》さんの『構造と力』（勁草書房、一九八三年刊）を持ってきたんだけれど、やはり八〇年代ごろに、冷たい社会と熱い社会という例の概念を出しながら、熱い社会においてはなかなかアンチを立てることはできない、すべて消費に飲み込まれるんだと言っていて、これはたぶん佐伯さんだって今日まで関心を持たれてきたことだろうと思いました。

それに対して佐伯さんは保守的な立場を選んでいくわけじゃないですか。そのあたりの意味というのを聞きたいし、保守派にとって歴史は重要な概念だけれど歴史そのものに対して、相対的なことをおっしゃっている與那覇さんもいるし、そのあたり、どうお考えですか。

佐伯　話はものすごく簡単で、ポストモダンという概念は歴史という概念を否定するんですよね。モダンという概念にはまだ歴史があるんですよ。何かを克服して先に進むという。しかしポストモダンはそれがなくなってしまって、その都度《つど》のものしかない。しかも超越的な価値を否定するでしょう。そうなると残るのは何かというと、現象の中で遊ぶということしかない。

結局、七〇年代から八〇年代の雰囲気で言うと、知識や文化も含めてすべて市場経済、消費社会のアイテムに変わっていく。問題は消費というものが、どうしてあんなに大きな力を持ったのか不思議です。六〇年代は、人々の消費への関心のウエイトはそこまで置かれていませんでしたよ。消費というのは、生活が豊かになって便利になればいいというくらいでね。消費より労働の方が大事でした。

七〇年代に万博が行なわれましたが、あれだって表面的にどんちゃん騒ぎしているだけの話で、繁栄の未来なんて誰も信じてはいませんからね。岡本太郎自身が万博自体を否定するようなものを作っているでしょう。太陽の塔ね。核エネルギーの象徴で、しかも顔がひずんでいる。そういう時代ですから。あのあとの八〇年代に消費社会がどうしてきてしまったのかということの方が、僕は関心があるなあ。消費社会というのは完全に相対主義の社会ですからね。

與那覇　実は苅部直さんと対談した際に〔本書に収録〕、「與那覇君の言う「歴史のない時代」が平成を通じて作られてしまったという主張はわかるけれど、僕の研究領域からすると、大正教養主義だって十分歴史のない世界だよ」と指摘されたんです。確かに大正期って、日本も近代化に成功してそこそこは豊かになって、都会で暮らすインテリにとってはつまみ食い的に海外の教養をモードとして取り入れればいいから、歴史の積み重ねを気にしなくていい。昭和の初頭（一九二九年）に小林秀雄が「そんなものは「様々なる意匠」に過ぎない」と批判してデビューし、戦後まで連なる保守系批評の祖になったのは、それだけ相対主義が一度極まっていたからですね。

しかしその後、戦争に突っ込んでいった結果、失われていたはずの歴史の存在感が妙に「復活してしまった」側面が、戦後という時代の前提としてやはりあったと思うんです。だからとりあえず「アンチ戦前」というところは外せないよね、とする共通感覚になるわけですが、それもまた徐々に実感がなくなっていくのが八〇年代だろうと。

『平成史』を宇野さんのメルマガで連載させていただいていた時に、前提としてバブル期の浅田彰さんの本も読んだのですが、一般には、彼は政治を無視する軽やかな「逃走」を説いた人だと思われている裏面で、当時の中曽根《なかそね》康弘首相を非常に嫌っていますよね。

実は政治ないし歴史に非常にコミットしていて、浅田さんの感性としては、世界的に見てもポストモダンな状況になった結果、日本はもともと他律的で歴史を自分のものとして生きていない国なので、「過去なんてキャンセルせよ」と言われても、意外にすんなり適応できちゃう。「そういう、周回遅れみたいな形で日本がトップランナーになるのだけは嫌だ」という意識を、浅田さんはデビュー時から強く持っていた。

■消費や物語に抗うモラルを

先崎　それ、柄谷行人さんも書いているよね。江戸時代がブームになっているのも全く同じことで、と。

與那覇　八〇年代だと、江戸東京学ですね。

先崎　梅原猛《たけし》とかはダメだと。

與那覇　そこに中曽根さんのような戦前派のおじいさんが乗っかって、実は日本って最先端でしたと、梅原さんたちと組んでやられることが不快なわけでしょう。戦前の京都学派的な想像力にだけは、甦ってほしくない。

佐伯　與那覇さんも書いていたけれど、僕の先生でもあった村上泰亮《やすすけ》とか佐藤誠三郎とかが、同じころに新しい日本文化論を言い出した。「日本文化は決して悪くないんだ」と。それは何か、歴史意識とかいう大きな問題ではなかった。むしろ歴史的な多様性の中で日本を位置づけるということです。それは経済学とか政治学、社会科学の領域でははっきりしているんです。

それまでの社会科学は基本的にアメリカなんです。日本はとにかくアメリカから輸入してきて、「アメリカではこういっています」とずっとやってきた。それで日本の国内をまとめる。それこそ僕の考えでは飛鳥時代からの日本の基本構図だと思いますよ（笑）。

宇野　八〇年代の日本には両義的な評価が必要だと思っていて、僕なんて幼少期、小学生の頃なのでテレビの記憶くらいしかありませんが、たぶんこの時期に大衆のレベルで、初めて個人という単位が焦点になったんだと思うんですね。

その、初めて日本人に大衆レベルで「個」をもたらした「消費」という回路に、吉本は賭けた。もちろんぼろ負けするんですが。初めて「この私」というものを日本人が確認している瞬間に彼は出会ったわけです。

このことは結構僕は考えさせられて、見田宗介《むねすけ》が戦後を、反現実という概念で整理していますよね。戦後すぐは「理想と現実」。アメリカの民主主義とソ連の社会主義という理想と、現実とで戦後日本人は社会を理解した。学生反乱の時代は夢の時代。ラディカルな、まだこの世に存在していない理想郷のようなものと、現実を対比していた。で、八〇年代の消費社会を、虚構の社会だと言っている。初めて現実の側の方が肯定的なんです。

普通、「理想と現実」、「夢と現実」と言えば、現実の方が否定的じゃないですか。でも「虚構と現実」となると、現実の方が強い。むしろ否定性こそ捏造しなければならない状態になったというふうに理解していて、この見田の理解と、吉本の思想的な賭けというのは一致していると思う。

要するに、圧倒的に「肯定」する力の強い社会に、どう、救いとしての「否定性」を提示していくのかを考えなければいけない時代だった。だから僕は八〇年代の楽観的な消費社会を一ミリも評価しないけれど、日本人にとって、あの時代が最も「〇〇ではない」という、否定的な自己規定から遠のいた一瞬だったと思うわけです。

先崎　それって加藤典洋がある意味引き継いだと

は言えないの。彼の場合は佐伯さんとは対立するけれど、彼は欲望を丸山のように上から説教するように批判してもしょうがないから、資本主義の欲望を突き詰めるところまで行くと、その先に覚醒の瞬間があるというようなことを、竹田青嗣《せいじ》の現象学の本とかを使いながら書いている。あの姿というのはどうなのか。

消費社会を徹底した方がむしろ公共性が生まれるんだという話をおそらく彼はしたかった。今の吉本の話とのつながりはどうなんですか。

宇野 もちろん、加藤、竹田というのは遅れてきた吉本チルドレンというところが色濃い人たちで、当然そうだと思うんですけれど、僕は加藤典洋的な戦略に対して若干《じゃっかん》批判的ですね。結局彼は『敗戦後論』で、割とプラクティカルにはまともなことを言っていると思うんですよ。一つの外交戦略としては、あれは検討に値するとは思う。ただ、文化論としては同意できるかというとちょっと違っていて、加藤はやはりナショナル・アイデンティティを再構築しようとするんですよね。

明らかに、歴史をある物語、歴史観によってみることによって自己を正当化するということ、つまり、個人ではなく共同性を考えている。これと対になるのが村上春樹です。村上春樹は、全共闘のトラウマ、マルクス主義の敗北のトラウマから、徹底して個人主義で考えるところから出発する。消費社会にもつかず、はなれずで距離を保っていく。

その村上がオウムの地下鉄サリン事件に象徴されるような近代社会のアノミーに直面することで不安になり、歴史に回帰する。たとえば、『ねじまき鳥クロニクル』（新潮文庫）では、歴史を特定のイデオロギーではなくて、フラットなデータベースとして扱う。超自然的な力で九〇年代の東京からノモンハン事件当時の満洲に自意識がワープする。日本帝国主義の走狗《そうく》だろうが、スターリンの赤軍だろうが、戦場で残虐なことをする奴は悪だ、と判断する。そうすることによってイデオロギーを超えて人間は倫理的でありうるということを村上春樹は描いていて、加藤も村上を大絶賛している。要するに加藤が共同幻想のレベルで考えたことを、村上が個人のレベルで逆側から描いたわけです。

しかしここに僕は罠があったと思っていて、これって一見、既存の歴史の文脈から自由な主体が、ピュアに善悪を判断しているように見えるかもしれないけれど、人間はそこまで賢い動物ではない。どれだけイデオロギーから距離を置いたとしても、先ほどの語り口の問題で「自分はこうありたい」という願望に引きずられて、目にした現実から物語を自分で作ってしまうんですよ。

その結果、何が起きているかというと、現代では「自分が五分調べた結果によると、南京大虐殺はでっち上げだ」とか、「自分が五分調べた結果によると、このワクチンはビル・ゲイツの陰謀だ」というようなことを本気で信じている人が現にいっぱい出てきてしまっている。日本にはそれほどいないかもしれないけれど、アメリカにはたくさんいて国会議事堂が襲撃されたりもしている。

だから、イデオロギーに毒されない強い主体を立ち上げて、歴史を物語的でないデータベース的なものとして、情報の束《たば》として見よう、というのが当時村上春樹が言っていたことだと思うんですが、これも現代においては既に失敗したプロジェクトだと思います。

そうではなくて、僕は歴史は見るのではなく見られるのだということを考えてみたい。昔、先崎さんにお話ししたこともあるけれど、僕は京都に長く住んでいたことがあって、それまでは北海道に長く住んでいたんですが、全然違うんですよ。銭湯に行く、古本屋に行くという日常生活を単に送っているだけで、言って見れば歴史に「見られ」ることになる。生活空間の中に「応仁の乱の矢傷が残っている寺」とか「吉田兼好の庵《いおり》」とかが普通にある。

そういうところで暮らしていると、自分の人生が相対化されてくる。本当に自然と、自分の人生とは比べものにならない巨大な時間の流れが存在していることを感じる。

僕は長崎にも長く住んでいたので反核教育を受けていますが、ああいうものより京都で暮らしたことの方が、歴史に対してよっぽど謙虚な姿勢になるんです。ああいった、主体の問題を考える時に歴史を見るということを、加藤典洋／村上春樹的なものは考えすぎてた気がするんです。

先崎　小林秀雄化してませんか、宇野さん（笑）。やっぱり鎌倉に住まないと、と（笑）。

佐伯　僕は加藤も村上も評価しないけれど（笑）。

與那覇　加藤さんの『戦後的思考』（講談社文芸文庫）に入っていますが、一度論争されていますよね。

佐伯　結論だけ取り出せば、確かにわからんではないですよ。敗戦に捩《ねじ》れがあったとか、アジアに謝るためには、その主体を作らないとダメだから、靖国もちゃんとやって、云々《うんぬん》とか。

結論は賛成なんですが、その前提として、「あれは侵略戦争だ」ということを彼は、曲げないんですよ。じゃあどうして侵略戦争だという前提だけは曲げないのか。喋った時も「どうしてそうなの」と聞いてもやっぱり答えなかったんですね。「それはそうなんだ」と言って。しかし「最近いろいろ調べてみたら、そんなに日本は悪くなかった」なんてことも言ってました（笑）。

與那覇　加藤さんは個人という単位では私欲肯定の思想で、私欲を肯定してゆくことの先に公《おおやけ》は作られないといけない、と。これは、宇野さんが吉本や村上に則して指摘されたように、八〇年代の消費社会というよりも七〇年安保の体験だと思います。

禁欲的に革命戦士になろうとした人たちは、最後は連合赤軍に行った。「だから、楽しい革命でなければならないと思って批評を続けてきた」と、晩年の回想録などで強調しています。その反作用として、日本国家ないし日本人という集合的なレベルでは、むしろ自己抑制的なモラルを求めたのでは。

佐伯　それが全共闘を嫌いになった理由なんですよ（笑）。結局、楽しい革命だとか、やっぱり平和は大事だとか、みんな仲良くしないとダメだ、みたいな話に最終的に行ってしまう。しかもその背後には私欲をもっている。

全共闘の中で評価すべきものがあるとすればやっぱり自己否定ですよ。自分を破壊することによって、自分を爆弾として社会に投げつけた。テロです。そこにしか全共闘の意味はなかった。しかしそれはまさに三島がやったことなんだよね。完全に全共闘は三島に負けたんですよ。

宇野　先を越されたというか。

佐伯　本格的なことを三島由紀夫はやって、ちゃんと死にましたからね。だから全共闘はあそこで完全に三島に敗北した。あんなものでは江藤淳さんが言ったように遊びやごっこにしかならないから、革命にもならない。世の中の人たちはみんな高度成長に乗って、「新しい車が出る」と言って沸いていたわけでしょう。体制変革の革命なんか意味のない運動だったってことは全共闘もわかっているわけで。

それであさま山荘事件がちょうど五〇年前〔収録時〕ですが、彼らにとってあれは都合がよかったんだと思う。一部の狂気にかられた連中がああいうふうにして完全に「これでおしまいだ」と言ってくれたということになる。誰が見てもわかる形だったでしょう。

そうすると結局、八〇年代の消費社会とは何だったか、という話に戻れば、あれも全くでたらめで、全共闘運動をやった我々世代の連中が三〇代、四〇代になって家庭をもって消費者になったんですね。ちょっと前の人は企業でマーケット戦略を任されて、文化と消費を結合することで社会を変えていこうとする。それがむしろ民主主義を発展させるという話になった。

全共闘をやっていた連中が、西武百貨店の堤《つつみ》清二さんと一緒にセゾンの文化活動をやっていた。山崎正和さんの柔らかい個人主義も、結局はその中で出てきた。全共闘世代ってのは家族を壊した。親の世代の日本型家族社会みたいなものを破壊するのが全共闘運動の一つの目的というところもあった。だから家族が壊れて新しい個人主義になる。

ところが厄介なことに、たとえば吉田拓郎が「結婚しようよ」なんて歌を歌って（一九七二年）。なんでこんなバカな歌が、と最初はあきれました（笑）。僕より三つ上だから全共闘世代で、彼も戦略的にやっていたことが後になってわかるけれど、そうなると家族ではなくて、全共闘は対幻想に収まった。それが八〇年代の消費ブーム、一見、ファッショナブルなもの、しかし対幻想でしょうね。

新しい家庭の形を作りましょうというところに行ってしまった。しかもブランドもののファッションを使いながら。これも一つの社会運動だというふうに旧・全共闘の連中は考えた。旧来の新日鉄のような重化学工業ではなく、軽やかなサーヴィス中心の新しい形の経済が出てくる。それは経済における革命ですよ。そういうことをやれるんじゃないかと考えたんじゃないか。

従来は勤労者、生産する方に価値がありましたが、それに対して物を買う方に価値を与えた。それも一つの経済上の革命だし、モノの大量生産ではなく、消費を記号現象に変えていく。当時はそれを革命だと考えたんじゃないか。

先崎　しかも肯定的に考えたということですよね。だけど、それに対して僕らがそれこそ九〇年代半ばにこういうもの、大澤真幸《まさち》さんとかも読んだりすると、僕は生理的、肉体的に違和感を覚えた。なぜならあなたの考えは神経症型だと言われた気がしたからです。類型化すると分裂症型の方がいいのであって、神経症型の古いタイプだという括《くく》り方をされたのを覚えています。

結局のところその話って、最初にいただいたテーマだとすると、思想と語り口の問題につながる気がします。

生産から消費に変えていったことがある種の擬似革命であり、社会をそういうもので伸《の》ばしていくというか、ゆるく変えていく。それに対して違和感を持つ佐伯さんとか僕みたいな人間は、思想というものを信じているし、語り口で「どこのパイをどう取るか」というプラットフォームを作るのではない何かを求めているタイプの人間だと思うんですけどね。

佐伯　最後に、もうちょっと言うと、先ほどの語り口という問題になるけれど、やっぱり言葉というのは使う人間の志《こころざし》ひとつで、薄っぺらくも重くもなるんですよ。言霊《ことだま》の宿らない言葉なんていくらでもインチキできる。

言葉がインチキにならないギリギリのところはどこかというのが、一番僕の関心があるところですが、それは情念なのか経験なのか記憶なのか、いろんな可能性があると思うけれど、そこに歴史の意識が深く関わってくる気がするんですよ。
今日は、お三方、長い時間ありがとうございました。

（ひらく 七号　二〇二二年六月）

新たな戦争と日本

×小泉 悠

小泉悠（こいずみ・ゆう） 1982年生まれ。東京大学先端科学技術研究センター専任講師。専門はロシアの軍事・安全保障。主著に『「帝国」ロシアの地政学』（サントリー学芸賞受賞）、『現代ロシアの軍事戦略』、『ウクライナ戦争』、『終わらない戦争』。

■二〇〇八年と二〇二二年の違いとは

與那覇　ウクライナ戦争の解説者として連日のご活躍のなか、貴重なお時間を割いてくださり恐縮です。ロシアとウクライナのあいだの深刻な対立は、二〇一四年のクリミア併合によって知られてはいたものの、まさかプーチンが一九世紀の帝国主義戦争を思わせる「全面侵略」に踏み切るとは、識者の多くも予想しなかったところでしょう。

二〇二二年の末に出された小泉さんの『ウクライナ戦争』（ちくま新書）は、今回の戦争の背景と展開を詳述される一方で、なぜ開戦のタイミングが同年二月であったのかは「まだわからない」と率直に記《しる》されていますね。眼前の重大事に「自分はすべて知っている」という態度でコメントし、権威を得ようとする専門家が目立ってしまう令和の世相のなかで、一つの模範を見た心地がしました。

小泉　お恥ずかしいかぎりです。

與那覇　現状を理解する補助線として伺《うかが》いたいのですが、小泉さんがサントリー学芸賞を受賞された『「帝国」ロシアの地政学』（東京堂出版、二〇一九年刊）には、二〇〇八年八月にロシアとジョージア（旧称・グルジア）が衝突した南オセチア紛争の分析がありますね。

同年四月のブカレスト宣言で、NATO首脳がウクライナとジョージアの「将来の加盟を歓迎する」と表明した後だったため、ロシアの側にはおそらく（紛争状態を作ることで）ジョージアのNATO加盟を不可能にする目論見《もくろみ》があった。また、ジョージア国内に二カ所の親露派武装勢力が実効支配する地域を抱えていた点も、今回のウクライナ戦争と共通の構図のように思われます。

しかし小泉さんによれば、当時のロシアは軍事的には十分可能だったジョージア首都トビリシの占領を回避し、武装勢力が掲げる「ロシア編入」の要求も断ったという。これは二二年の二月に突如としてキーウを強襲し、九月にはウクライナの東南四州をロシアに「併合」してしまった、現在のプーチン大統領の振る舞いとは対照的に見えます。

二つの戦争に挟まる一四年ほどのあいだに、いったい何がここまでの変化をもたらしたのでしょうか。

小泉　いきなり学会で受けるような専門性の高いご質問で身が引き締まりますね（笑）。まず挙げられるのは外的条件の違いです。

二〇〇八年のロシアはクリミアを併合する前で、米国との関係が現在ほど悪化しておらず、世界のなかで平和裏に台頭できるという目算がありました。二〇〇〇年代には毎年約七％の経済成長を続け、〇九年に改定した国家安全保障戦略には「ロシアはソ連崩壊後のシステム的な危機を脱した」と記すなど、指導者にも国民にも余裕があった時期と言えます。

與那覇　印象に残る表現ですね。もし、ソ連の崩壊を敗戦に準《なぞら》えるならば、日本でもかつて言われた「もはや戦後ではない」（一九五六年度の経済白書）という言葉を想起させます。

小泉　ええ。もう一つの要因としては、南オセチア紛争の構図自体はロシアに責任がありますが、このときはジョージアが先に、南オセチアに全面侵攻を仕掛けているんです。だからロシアとしても、「私たちは過度な国際秩序の侵犯は望みませんよ」と、振る舞う誘因がありました。昨年来、ジョージア政府はかつての南オセチア紛争と今回のウクライナ侵略を並べてよく語りますが、いかにも巧みなPRと言えましょう。

私は基本的に、旧ソ連の国々の政府関係者とは一定の距離を置いてお付き合いするのですが、それは特定の国のナラティブ（語り）に引きつけられすぎないようにするためなんです。遠くから他人事の視点で、純軍事だけの観点であたかもゲームのように戦争を論じることは避けるべきですが、特定のプレイヤーに感情移入しすぎても分析する目が曇《くも》ってしまいます。

與那覇　たいへん説得力のあるお話です。また南オセチア紛争時のロシアではメドベージェフが大統領で（プーチンは首相）、「多極世界」などのビジョンがよく語られたとされます。欧米の民主主義体制には同一化しないが、全面対決に進むこともなく「棲《す》み分けられる」のではないか、というわけですね。

逆に言えば、ロシアが西側とは一切相容《あい》れないとの覚悟を固めたのは、クリミア併合後にG8を追放された二〇一四年が転機と見るべきでしょうか。

小泉　そう思います。ロシアの視点では「自然」な政治体制や旧ソ連諸国への振る舞いに対して、西側はこれほどまでに冷たい仕打ちをするのか――。G8追放に際しては、そんな被害者意識を抱いたはずです。

ただし、KGB（ソ連国家保安委員会）出身のプーチンにせよ、じつは彼なりに冷戦後の国際社会の現実を受けとめて、欧米の民主化要求についても検討した節《ふし》があります。ソ連時代から一切「揺らぎ」がなかったわけではないのです。

與那覇　二〇〇〇年に初めて大統領に就《つ》く際、プーチン自身がむしろ「ロシアが将来、NATOに入ってもよい」と示唆していたとする挿話は、今回の戦争の開戦後にあらためて注目を浴びましたよね。

小泉　「可能性は排除しない」という表現ですね。またプーチンは、その最初の大統領就任の直前に「新千年紀を迎えるロシア」という論文をまとめていますが、そこでは旧ソ連諸国や西側に対して驕慢《きょうまん》な側面と、ロシアもまた「変化を余儀なくされている」と内省する側面の双方が、まるでパッチワークのように繋がって同居していたことが窺《うかが》えます。そのバランスがジョージアやウクライナとの紛争に起因する西側との関係悪化で崩れて、二〇一四年以降は後戻りができなくなりました。

■ウクライナ戦争は「予言されていた」か

與那覇　私がこの度の戦争に際してもっと参照されてよいように感じるのが、冷戦後の世界で話題となったサミュエル・ハンチントンの『文明の衝突』（集英社文庫。原著は一九九六年）です。実はいま読み返すと意外なくらい、ウクライナの民族問題への言及があります。

ウクライナでは当時から親露派と親西欧派の対立が激しく、ロシア系住民の多いクリミアの帰属は一大争点でした。興味深いのは、この時期は「ロシア寄りの大統領が選ばれて、親露派の不満をなだめる」情勢でしたから、ハンチントンの見立てでは、むしろ苛立《いらだ》った親西欧派が「西ウクライナ」だけでの独立運動を始める可能性もあった。さらに皮肉なことに、そうした「独立した西ウクライナ」が存続可能となるシナリオは、西側諸国から全面的な支援を受けられる場合のみなので、そのためにはロシアと欧米がもう一度、冷戦期のような完全対立に入る必要があるとの議論が展開されていました。

ハンチントンの「予言」は、目下のウクライナ戦争を裏返しで言い当てたのでしょうか。ロシアと欧米の対立が「新たな冷戦」と呼ぶ向きもあるほど決定的になり、西側はゼレンスキー大統領のウクライナを支えて退かない構えを見せています。

小泉　一九九一年にソ連が崩壊し、独立国家として歩み出した直後のウクライナが「地政学的なウィークポイントになり、危うい」とする議論は、ハンチントンのほかにズビグネフ・ブレジンスキー（米カーター政権時の大統領補佐官）も述べていました。彼はウクライナにルーツをもつポーランドの家に生まれたので、ウクライナの人工性や不安定性を見抜きやすかったのでしょう。

ウクライナの民族や宗教はモザイク的な面があり、今回の戦争の前は東西でロシアへの親近感が大きく異なりました。またオリガルヒ（新興財閥）が地域ごとの利益を代表して政党をつくってきたことも特徴です。地域ごとにオリガルヒが競争したことで、ロシアのような独裁制には陥りませんでしたが、その分、統一された国家意識は長年弱かったのです。

じつはロシアにもウクライナが東西の火種になりうると予期する議論があって、その代表が「プーチンのブレーン」を自称するアレクサンドル・ドゥーギンです。彼がロシアはウクライナを回収すべきだと喧伝《けんでん》してきたのも、ウクライナへの地政学的な不安が背景にあります。

なお、ハンチントンは、冷戦後の紛争は文明間のフォルトライン（断層線）で生じると考えたため、「同じ東方正教会文明」に属すると見なしたロシアとウクライナの摩擦は二義的に捉えていました。一方でブレジンスキーやドゥーギンは米露の国益の観点から、ウクライナを巡って西側とロシアの衝突が起きると予想した。結果論ですが、より正しかったのは後者の見立てでした。

■プーチンを誤らせたのはパンデミック？

與那覇　よく指摘されますが、まさにプーチンの侵略によって、長年モザイク状だったウクライナで強固な国民意識が生まれている面がありますよね。しかもSNSを通じて世界中に「ウクライナファン」まで生み出すとは、プーチンにとってはまさに「藪蛇《やぶへび》」でしょう。

小泉さんが『ウクライナ戦争』でも言及されたように、プーチンの世界観を示す資料として開戦後に注目を集めたのが、二〇二一年七月に彼が発表した論文「ロシア人とウクライナ人の歴史的一体性について」でした。同論文で論じられる両国・両民族の「不可分性」への固執は、プーチンのなかでいつごろから生まれたのでしょうか。

小泉　プーチンが説く民族論はロシアの右翼のあいだでは一般的で、内容自体にとくに驚くべきところはありません。むしろ重要なのは、プーチンが大統領の立場で、それらを「公」に語り始めたということです。

たとえば日本では、安倍（晋三）元首相にしても日本共産党の志位（和夫）委員長にしても、胸の裡《うち》の思想信条はどうであれ、公の立場で発言するときにはそれなりに表現を選んできましたよね。政治家とは自分の立場と影響力をわかっているからこそ、自身がもつ思想のすべてを明らかにはしないのが本来の姿です。

與那覇　なるほど。もしも安倍首相（当時）が二〇一五年に出した戦後七〇年談話が、「最右派の論客」の歴史観をそのまま踏襲《とうしゅう》していれば、世界の反応は騒然としたものになったでしょう。プーチンは二〇二一年に、それに近いことを始めてしまったというわけですね。

小泉　あの論文にはもう一つ大きな特徴があって、

それは一八ページにも及ぶ長さです。プーチンが発表する論文は原則として新聞に載せるので、通常であればライターが分量を調整します。ところが「ロシア人とウクライナ人の歴史的一体性について」では、調整がなされず、彼が書きたいことがそのまま垂《た》れ流されている。結果として新聞には載りきらず、全文は大統領府のサイトに掲載されました。大統領府の通常の広報チャンネルをぶっちぎったという印象があります。

與那覇　小泉さんは開戦当初、ロシア軍の戦いが稚拙だった理由を「作戦や兵站《へいたん》には素人のプーチンが、イレギュラーなかたちで介入したためでは」と分析されましたよね。戦争開始の半年前から、ロシアの政治体制が機能不全を起こしていたかもしれないとは驚かされます。

小泉　ロシア軍の稚拙さについて付言すると、「ロシア通」の多くがパンデミックの影響も原因として推測しているんです。ロシアでは一時期、プーチンが新型コロナウィルスに感染することがないよう、面会者は「その直前に必ず二週間の隔離生活を送る」とする規制がありました。閣僚も例外ではなく、ラブロフ外相やショイグ国防相など、外交や軍事の実務を担う多忙な政治家は、これではほぼ面会は叶《かな》いません。

逆に言えば、それだけ長い自主隔離を強いられてもプーチンに会いたがるのは、最高権力者に取り入る打算しかない暇人《ひまじん》くらいでしょう。彼らがご機嫌をとるために、プーチンにとって都合のいい情報や妄想ばかりを吹き込んだとしても不思議はありません。

プーチンはもともと、クレムリンから遠く離れた森のなかに私邸をもつとされます。日本では首相が都心に住み、日々多様な面会者と会っていますが、それは当たり前のことに見えて、じつは大事なことなんですね。

■冷戦後の平和を引き裂く「力の理論」

與那覇　開戦当初に国際政治学者のジョン・ミアシャイマー（シカゴ大学教授）が、「NATOの過剰な東方拡大がロシアを刺激した」と主張し、プーチンを擁護する論理だとして賛否を呼びました。しかし、ミアシャイマーらが説くのは安全保障に限られた議論ですよね。ウクライナを中立化するとか、西側のミサイル配備はないと確約するといった形で戦争は防げたはずだ、と。

一方でプーチンには「安全保障の問題」に絞って議論することで、妥協点を探る」とする発想がなく、ロシアとウクライナは不可分かつ一体である以上、「論点ごとに問題を切り分けること自体が不当だ」と考えているのではないでしょうか。両者のあいだでは、そもそも議論の土台がずれている感があります。

小泉　同感です。「国家とはいかなる存在か」という秩序観のレベルで、ロシアと欧米の断絶は大きいわけです。その意味では今回、ハンチントンの予測した「文明の衝突」が実際に起きたと考えられます。

與那覇　こうした文明の相違に起因する困難は、かつては主にイスラームをめぐって論じられました。私たちからすると、信仰の自由とは「個人の内面の問題」ですが、原理主義的なムスリムにとっては「法や経済、生活のすべてでコーランのみに従うこと」こそが信教の自由を意味するので、両者はどうしてもぶつかってしまいます。

ポスト冷戦期の課題は「根本的に異なる価値の体系どうし」をどう共存させるかだと、長く説かれ続けてきたわけですが、その究極形をいま見ている思いです。

小泉　じつは二〇〇一年の九・一一テロを受けた

米国の対テロ戦争の初期までは、ロシアも「イスラム原理主義に関してはともに取り締まろう」として、西側と歩調を合わせていたんですよ。しかし一方で、ロシアには旧ソ連圏全体を「自分のシマ」だと見なす民族主義や地政学があり、やがて妥協が不可能になった。

この点、プーチンとミアシャイマーにはむしろ似た側面もあって、ミアシャイマーは傷つけ合う力をもつ国家どうしは「原理的に共存できない」と考えています。

與那覇　オフェンシブ（攻撃的な）・リアリズムの思想ですね。あらゆる国家は不安に駆られ、可能なかぎり勢力圏を拡張しようとする性向を持つとされます。

小泉　一方でプーチンも、主権国家とは「真に力を持ち、外国からの干渉を完全に排除して意思決定を行なえる国」だとする独自の定義をしていて、これだとNATOのうち、主権をもつのはほぼ米国だけになる。ほかにはロシアや中国などの数カ国だけが、主権国家どうしの均衡を形成して地球を分割し、それ以外の国はいずれかの勢力圏に服属して生きるほかありません。

ミアシャイマーにもまた、「一つの大陸を一つのスーパーパワーが支配することで、力の均衡が成立する」と考えている節があります。彼は米国の学者ですが、思考法はむしろ大陸型の地政学に近くて、それが今回「親露派」との奇妙な共鳴を起こした背景でしょう。

與那覇　小泉さんがよく苦言を呈《てい》されるように、SNSなどでプーチンを「ダーク・ヒーロー」のように祭り上げるオルタナ右翼の人たちも、日本や欧米に一定数いますよね。この世界は「力のぶつかり合いがすべてだ」と見なすニヒリズムが蔓延してきたと感じます。

開戦の直前にはフランスのマクロン大統領が、安全保障のみに絞る形でプーチンの説得を試みるも失敗し、「以前とは別人で、歴史ばかり話す人になっていた」と嘆く様子が報道されました。歴史の語りがプーチンのように、力の均衡に至るまでほかの勢力と殴り合い続ける「国家も民族も宗教も一体となったユニット」を産み落とすだけなのであれば、もはや歴史はない方がよいという気さえしてしまいます（苦笑）。

一方で、ハンチントンの『文明の衝突』は本来、「みずからの文明を普遍的な基準と見なして異なる文明に押しつけると、摩擦が起きますよ」として、欧米に自己抑制を促す著作でした。しかし今回の戦争で、（エネルギー施設への攻撃などを通じて）ロシアから半ば公然と「戦時国際法は遵守《じゅんしゅ》しません」とする姿勢を示されてしまうと、普遍的な規範なしでは力のカオスを生むばかりですから、それもやはりまずいと痛感させられます。

小泉　その問題ではロシアはアンビバレントな立場にいて、彼らとしては「わが国こそ国際法の守護者だ」という意識もあるんです。国連の常任理事国として、多くの国際法の作成に関わってきたという自負が強い。ロシアはむしろ二〇〇三年のイラク戦争などで、米国こそが国際法を破り続けてきたと非難していますから。

しかし問題は、そうしたロシアの考える「あるべき国際秩序」の原型が、第二次大戦後の世界秩序を規定したヤルタ体制にあることです。米ソが「対等な二大スーパーパワー」で、弱めの有力国も英・仏・中に限られていた時代が、最も居心地がよくて理想的であったというわけです。

與那覇　日本にも「平和だった戦後昭和」へのノスタルジアは存在しますが、それがもっと内容的にマッチョで、残存する力も強い感じでしょうか。

小泉　そうかもしれませんね。冷戦下のソ連はべラルーシやウクライナも構成国として飲み込み、外側に社会主義化した東欧という緩衝《かんしょう》地帯もありました。大国意識を満足させると同時に、強い安全感に守られていたわけです。

もちろん「あの時代に立ち戻れ」とはロシアの勝手な理屈で、だからこそ欧米は結束してウクライナを支援しています。ただし、冷戦後の「あるべき国際秩序像」が完全に断絶してしまった事実は、認めざるを得ないでしょう。

■ソ連の崩壊を「抱きしめない」ロシア

與那覇　全面戦争があり得るとは思われなかった時期、話題になったのは、ロシアが二〇一四年にクリミアを奪取した際の「ハイブリッド戦争」（火力ではなく情報操作を用いた敵国の攻略）でした。しかし小泉さんの『現代ロシアの軍事戦略』（ちくま新書）には、ロシアの側はむしろ「欧米からハイブリッド戦争を仕掛けられている」と認識しているとの指摘があり驚きます。

たとえば、ある国で民主化運動が起きたとき、私たちはそれを世界に共通する（人類史的な意味での）「歴史の進歩」と見なして共感するわけですが、ロシアはそう見ません。むしろ「民主化が進んで「得をする国」、すなわち欧米による工作」だと認識して弾圧する。理想や規範に意義を認めず、すべてを力関係と損得勘定《かんじょう》に還元して把握するニヒリズムの極致とも言えます。

小泉　おっしゃるように、人間の価値観や認識はそれ自体が世界を大きく動かします。国際政治や戦争を分析するうえで統計的なアプローチは重要でも、自然科学と同じ「客観的な物理法則」のような形では、人間世界の現実を動かすメカニズムは見えてきません。

與那覇　かつて米国でイラク戦争を主導したネオ

コンも、「価値や規範なんて道具にすぎないから、力ある者が好きに使っていい」とするニヒリズムに憑《つ》かれていました。逆に言うと、いまはアメリカの衰退にともない、そうした傲岸な振る舞いを示す「力ある国家」が、ロシア、中国……と複数化してゆく局面なのでしょうか。

小泉　その憂慮には非常に共感します。今後は非民主的なまま発展する国家が増えても不思議でなく、だからこそ彼らの行動原理を知っておかねばなりません。

ロシアに関して鍵になるのは、三〇代後半で冷戦の終焉に遭遇《そうぐう》したプーチンのような人びとの「世代感覚」です。彼らには、「無能な上の世代が下手《へた》を打ったせいで、ロシアは凋落した」という意識が強く、優秀な自分たちに全権を握らせれば経済を回復させ、ウクライナも取り返して、米国に頭を下げずにすむ地位に戻れると考えている。そうした情緒が、一定以上に愛国的なロシア人を惹きつけてきたのです。

ウクライナ侵略はよく「プーチンの戦争」と呼ばれますが、たんに愚かな独裁者が衝動的に始めた戦争としては片づけられません。むしろプーチンを生み出した、冷戦後のロシア社会の全体を見るべきです。

與那覇　重たいご指摘です。GHQによる日本の占領時代を描いた名著に、ジョン・ダワーの『敗北を抱きしめて』（岩波書店）がありますが、プーチンを支持するロシア国民は、冷戦終焉・ソ連崩壊という敗北を「抱きしめなかった」人たちかもしれませんね。

ウクライナ戦争の開戦当初、日本では「太平洋戦争下のわが国の歴史に学んで、ウクライナは早く降伏を」と唱える識者が出現して、ロシアによる占領がGHQのように寛大なはずはないと批判されました。しかしそれ以前に、日本人には「敗北を抱きしめずに」報復の牙を研《と》ぐ心理がいかなるものか、想像するのが難しいのかもしれません。

小泉　私はソ連崩壊後のロシアで「ウチの国って、いまでも核を持っているんですか？」と聞かれ、心底驚いた体験もあって。一度は自国の敗北を受けとめたロシア人も少なくなかったとは思うんです。しかし、プーチンがその屈辱を充分に「抱きしめられなかった」ことは間違いない。そしてロシアでは彼のような人が指導者に選ばれ、国民もフリーハンドで政治を委ねてしまう。

二〇〇〇年代の成長を通じて、ロシアは経済的にはソ連時代より豊かになっており、プーチンもそれは認めています。しかし突出した軍事力をもつスーパーパワーではなくなり、旧ソ連の国々も離れていった。それを納得できない気持ちは、日本人には伝わりにくいのです。

與那覇　高度成長後の「平和な戦後昭和」の日本人のように、負けたけど前より豊かになれたんだからいいじゃないか、とはいかないわけですね。三島由紀夫や江藤淳のように「いまも占領されている屈辱を思い出せ」と叫ぶ人は、日本ではむしろ孤立してゆきましたが、ロシアは違うと。

小泉　現在のロシアのメンタリティについて、日本人に通じる比喩は、玉音放送の直前に、政府と軍とで「降伏か本土決戦か」を激論する二十四時間を描いた『日本のいちばん長い日』（半藤一利著、文春文庫。二度の映画版がある）でしょうか。冷戦の敗北を受諾するかを決めるロシアの「いちばん長い日」はプーチンのもとで、じつは引き延ばされて続いてきたのかもしれません。

與那覇　日本では鎮圧された徹底抗戦派の「青年将校」たちが、ロシアでは執政《しっせい》してきたわけですね。そして今回、復讐のための新たな戦争を、本当に始めてしまった。

■日本の「戦後」はいま終わるのか

小泉　日本人がいま考えるべきこととして、ウクライナ支援の問題があります。米国ではバイデン政権に比べて、共和党が支援に消極的だと報じられていますが、あれは「白紙小切手は渡せない」という金額の問題でしょう。それならお金は日本がもつ代わりに、米国には惜しみなく兵器を出してもらう分業もできるはずです。

日本がウクライナに「武器供与」をすべきかとなると、戦後以来の文脈があり国論が割れてしまいます。でも欧米が軍事面で支え、日本はウクライナの経済を回すかたちの安全保障政策であれば、幅広い合意を形成できるように思います。

與那覇　戦後日本で安全保障観の分裂をもたらしたのは、一九五〇年に始まった朝鮮戦争でしたが、私はむしろウクライナ戦争が「第二の朝鮮戦争」になることを危惧しています。両戦争ともにどちらが侵攻したかは明白（北朝鮮／ロシア）だったにもかかわらず、「実は米国が謀略を巡らせて挑発し、誘い込んだ」との言説が流布して党派的な分断が生まれ、対立の構造が長く続きました。今回も、独裁政権下の新史料が公開されるまで、決着がつかない気配がないでしょうか。

小泉　朝鮮戦争の時の反省が活かされず、プロの学者からもそうした陰謀論的な言説が聞こえてくるのは、実に嘆かわしいと感じるばかりです。

與那覇　ウクライナ戦争が朝鮮戦争以来の日本人を大きく変えた点を挙げるならば、「中立が善」とする神話を払拭《ふっしょく》したことでしょう。「もっと積極的に日本政府が和平を仲介すべき」と望む声はあるし、それ自体は間違っていないとも思いますが、昭和生まれの最年長世代が唱える「だからウクライナに肩入れせず、中立を守るべき」との主張は、ほぼまったく支持されていないのが現実です。その点では、（非武装）中立という規範を戦後の日本人にもたらした朝鮮戦争が、約七〇年後に勃発したウクライナ戦争によって、ようやく「上書き」されているとも言えます。

しかしこれも変な話で、本来なら朝鮮半島という「近くで生じた危機」こそが、日本人にリアリズムを根付かせる契機となるほうが普通ですよね。しかし実際は、ウクライナという「遠く離れた国の戦争」が、日本では安全保障観の現実化をもたらすという逆説があります。

たとえば中東和平を考える場面では、イスラエルであれパレスチナであれ、穏健で妥協志向の指導者に私たちは共感しますよね。しかし日韓関係になると、大幅な歩み寄りを示した現在の尹錫悦《ユンソンニョル》大統領に対してさえ、日本では右派も左派も自説を譲らず、「こちらの立場は変えないぞ！」とファナティック（狂信的）に接する向きが目に付く。そうした悪癖《あくへき》は、ウクライナ戦争で克服されたと言えるのでしょうか。

小泉　難しい問題ですね。ある程度の距離がある、自分たちとは「関係が薄い問題」だからこそ、初めて冷静に論じられるのが人間の性《さが》なのかもしれません。

與那覇　だとすると、ウクライナ戦争をもって「ようやく戦後は終わりました」ともいかない。しかし、今回を機に少しでも、日本人の平和を考える思考が深まることを願いたいです。

小泉　今後、もしも中国が台湾侵攻の構えを見せた場合、中立論を唱える人はやはり出てくるでしょう。私個人としては、それが悪いと言うつもりはない。ただ武力行使という最悪の決断を中国に下させないために、抑止として日本ができることは何なのかを、普段からしっかり議論して備えるべきでしょうという立場です。

つい感情移入をしすぎて極論に偏りがちな「自分に直接及ぶ危機」に対して、いかに平静に対応して、民主的に議論する文化をつくるのか。それこそが、冷戦が終わった世界で、真に議論しておくべき課題だったのかもしれません。

（Ｖｏｉｃｅ　二〇二三年七月号　構成・水島隆介）

結　「未来」を売る季節のおわり　――三島由紀夫『青の時代』

1　正義が滅びゆくとき

喧《かまびす》しかった「地球環境のための正義」、すなわちエコロジーの季節がいま、終わろうとしています。

脱炭素化を目指す欧州の（石油に比べてCO_2を出さない）天然ガスへの依存は、二〇二二年二月、ガスの供給を人質《ひとじち》に取るロシアのウクライナ侵攻を誘発しました。皮肉にも「ガスを止める」というプーチンの脅《おど》しからEUを守ったのは、地球温暖化にともなう相対的な暖冬です。

言論の世界も変わりつつあります。同年十一月にはベストセラー『人新世の「資本論」』（集英社新書）の著者である斎藤幸平さんが、環境活動家による美術館での迷惑行為を正当化し炎上。二三年一月には太陽光発電推進の論客だった国際政治学者の三浦瑠麗《るり》さんが、家族の営む関連企業が検察の捜査対象になったことにより、活動自粛を余儀なくされました。
同じ時期の国会でも、自民党の再生可能エネルギー議連の幹部（秋本真利《まさとし》・外務政務官）に、洋上風力発電をめぐる違法な利益誘導の疑いが浮上（二三年八月に役職辞任、翌月逮捕）。自明の正義と思われてきたエコロジーの主張や関連産業が日々に、むしろ国民の不審の目にさらされ始めています。

私たちがこれまで信じてきた潮流は、なんだったのでしょうか。そしてそれが自明性を失う新たな時代を、日本人はどう迎えるべきなのでしょうか。

今日につながる日本のエコロジーブームの起源は、二〇一一年三月の福島第一原発事故です。脱原発と再生可能エネルギーの普及を求める声は空前の盛り上がりを示し、翌一二年の間を通じて、毎週大規模なデモが首相官邸を囲みました。
このとき語られた「将来は自然エネルギーのみで一〇〇パーセント、電源をまかなえる」などの、極度に楽観的な未来を予測し称揚《しょうよう》する空気は、その後、エコロジー以外の分野にも広がってゆきました。二〇一〇年代の後半から続く「AIが政治家の代わりになる」「ロボットで人口減少問題は解決する」「働かない人もBI（ベーシックインカム）をもらえるようになる」「仮想通貨で誰もが富裕層になれる」「メタバースが……」といった論調は、誰もが一度は耳にしたことがあるでしょう。

そうした浮き立った世相はいかにして生まれ、どのように終わってゆくのか。理解するための鍵は、未来への「過剰な憧憬《しょうけい》」が語られる時代には常に、現実に対する「極度の不信」が張りついてきた事実に気づくことだと思います。

二〇一一年からメガソーラーへの期待が高まったのは、太陽光発電に関して画期的な技術革新があったからではなく、単に原発や既存の電力行政への不信が広まったからです。平成末期以来の第三次AIブームにせよ、従来指摘されてきた「なぜ人工知能は人間に追いつけないのか」を克服するイノベーションは、特にない。むしろ、周囲の人間にふだん絶望しているからこそ、「あんなものはAIに置き換えられる」といった言い方が、幅広い読者にウケたわけです（詳しくは、斎藤環氏との共著『心を病んだらいけないの？』を参照）。

いま眼の前にある社会は「根本から狂っている」とする感覚が蔓延し、人間どうしが相互に「もう信じられない」という気分に陥れば、実現し得る根拠はまったくなくても現状否定の道具に使えるというだけで、「輝かしい未来」をうたう言論が売り物になる。

二〇一〇年代はそうした、実態とは無関係の「青写真」が高く売れる時代でした。これを一九八〇年代のバブル期と重ねる批判は従来も見られましたが、アベノミクスによる「好景気」のメッキが剝《は》がれつつある現在、私たちは人間性のより深い類比に基づいて、参照できる「似た時代」を見つけてゆくべきでしょう。

2　論理のビジネスモデル

三島由紀夫が一九五〇年に刊行した『青の時代』(のち新潮文庫)は、敗戦直後の混乱期の日本を、まさに「青写真の時代」として描いています。

モデルとなっているのは、一九四九年の「光クラブ事件」。実態はネズミ講(出資者が増え続けないと破綻する)にも近い高金利・高配当の新興金融業者が、現役の東大生が社長という話題性ゆえに注目を集め、しかし法令違反の摘発《てきはつ》と資金繰りの悪化により、債務不履行となったものです(社長の山崎晃嗣《あきつぐ》は二六歳で自殺)。

二〇一一年の原発事故を、比喩として「第二の敗戦」と呼ぶ報道は、当時広く見られました。しかし光クラブ事件、そして三島の小説の眼前にあったのは、文字どおりの敗戦です。そこでは戦時下で正しいとされた軍や政府の権威が失墜し、逆に絶対悪として弾圧された共産党が期待を集めるような、国民的な価値観の大反転が起きていました。

山崎晃嗣をモデルに三島が造形した主人公の名は、川崎誠。誠は戦前の軍国主義も、戦後ブームとなる共産主義も端《はな》から信じない冷笑家ですが、しかし三島は彼のニヒリズムが中途半端だった点にこそ、青写真が売りさばかれる時代の本質を見ようとします。

三島いわく、

彼は真理や大学の権威を疑っていない。疑わない範囲では、彼はしばしば自分でも気のつかない卑俗さを露呈する。ところが滑稽なことは、疑わない範囲の彼の卑俗さが、疑っている範囲の彼のヒロイックな行動に、少なからず利しているかもしれない点だ。

（改版・三〜四頁）

人間どうしの信頼など価値がないとせせら笑って富を稼《かせ》ぎ出す誠は、一種のダーク・ヒーローではあるものの、「東大生社長」の看板を鼻にかける俗物でもある。しかしそうした卑小な自己PRこそが、実際に事業を（一時的には）成功させる要因になっている。

大学名や職歴などの肩書ばかりを誇り「だから私を信用せよ」と主張する姿勢のいかがわしさは、誰もが知っていることでしょう。しかし青写真の内容が時代の気分と合致するときには、かえって矮小な宣伝法こそが、消費者にとってのお墨《すみ》つきとして機能します。

通俗に徹することで大衆から利益を上げたいのか、俗人を嘲笑して自意識を満たしたいのかが、本人にすら曖昧でわからない。そうした矛盾を抱える誠を、三島は「まじめな贋物《にせもの》」と呼び、好悪《こうお》なかばする存在として描き出しました。

作中で誠は三島と同じく、東大でも一番のエリートコースとされる法学部に進みます。誠には学歴主義者だった父親への対抗心から、画期的な学説を打ち立てて刑法学の教授になる野心があるのですが、今日示唆に富むのはその内容です。

誠が構想する「数量刑法学」は、通常の刑法が犯罪を非常事態・犯罪のない日常を通常の事態と見るのに対して、犯罪を人間が幸福を求めて用いる普通の手段だと捉えます。さらに、経済的な平等に関して社会が配慮する必要はなく（共産主義の否定）、富の少なさに主観的な不幸を感じる者は、単に犯罪で他人から奪えばよいと考える。国家のエリートを気どる誠の裏面には、実はむしろアナーキー（無政府主義的）な志向もあるわけです。

数量刑法学が通説となれば、刑法は民法（私法）の一部に解消され、犯罪行為は国によって罰せられるというよりも、「道徳的判断なしに全く私法的に解決される社会」が実現します。あらかじめ、いかなる動機ならどの程度情状酌量《しゃくりょう》されるか、どういった損害がいくらの刑罰になるかが点数化されており、法廷は純粋にその足し引きだけをして、機械的に判決を出す。

誰もが気づくとおり、誠の構想は「人間の行為すべてをデータ化すれば、ＡＩによるスコア評価がフェアな判定と見なされるようになる」といった、今日の未来予測の原型です。あるいは、いかに顰蹙《ひんしゅく》を買う言動が炎上しても「再生数が何回増え、フォロワーは何人減った」としか気にかけない、迷惑動画や過激な言論の配信者が跋扈《ばっこ》する目下のインターネット社会を、遠く以前から予見したものともいえます。

つまり二〇一〇年代以降に顕著になった、それらの風潮は「新しくない」。その生みの親はテクノロジーの進歩というより、敗戦直後にも似たニヒリズムの深まりだった。社会のデジタル化は、三島が洞察した人間不信の闇を誰の目にも「見えやすく」しただけで、新しい何ものをも生み出してはいません。

さらに三島は、今日ならAI的とも評されるだろう、誠の論理偏重の思考法の欠陥をこう指摘します。

時間のかからないことが論理の長所であり短所である。……論理の仇敵《きゅうてき》は時間であって、この仇敵を葬るために論理はしばしば未来へむかう。未来の確実さは時間の確実さだけに懸っており、論理にとってこれほど我慢ならぬことはない。そこで未来が論理的にも決定されていると言おうとするのである。（二三四頁）

二〇一〇年代以来、私たちはさまざまな未来予測を聞いてきました。太陽光発電は「必ず」原発のコストを下回り、シンギュラリティを迎えてAIは「必ず」人間を追い越すといったように。しかしそれらはメガソーラーの設置や人工知能の開発を正当化するための「論理」から逆算して、演繹《えんえき》的に導かれた未来像にすぎません。

拙著『長い江戸時代のおわり』（池田信夫氏と共著、ビジネス社）の中で指摘したとおり、カーボンゼロにしなければ「必ず」海面上昇で人類が亡ぶといった予測も同じです。ポジティヴとネガティヴとを問わず、「未来が論理的にも決定されている」とする主張は、単にその論理でビジネスや社会運動を営む人が投資を呼び込むセールストークにすぎず、聞く側も今後はそう割り切って受けとめるべきでしょう。

こうした未来が来てくれないと「論理上、私が困るので」、来ますと断言する。そんな発想のおかしさに多くの人が気づき始めたのは、二〇二〇年からの新型コロナウィルス禍の体験もあったと思われます。

国民に自粛を要請するには「最大四十二万人が死亡する未来」が来てくれなくては困る。結果として空振りとなった行動制限にも、意味があったと感じるためには、「到着を待っていたワクチンが感染を封じ込める未来」が続かなくては困る……。そうした一部の識者や業界の論理に振り回されて、私たちの国は「当初のコロナの被害は最小、しかし対策の副作用は最大」の惨状《さんじょう》へと迷い込んでゆきました。

3 現実は粗悪品じゃない

こうした論理＝青写真を暴走させるニヒリズムは、どうすれば克服できるのか。三島は誠とは対照的な脇役の親戚（再従兄《またいとこ》の易《やすし》）を登場させることで、手がかりを示しています。

誠の虚無的な性格を育てたのは、幼少時に欲しいものを伝えても「どうせ無駄になるから」と未来を先回りして希望を潰《つぶ》される、川崎家の教育方針でした。対して戦前は海軍兵学校に憧《あこが》れ、戦後は共産党に入党する易は、知的な素質では誠をはるかに下回る凡才ながら、最後に幸せをつかむことが示唆されて『青の時代』は閉じられます。

戦時中、東大への登竜門である一高に飛び級で入った誠に対し、勉強ができず兵学校すら落第した易は、暗い時代でも「失望することはお互いにやめよう」と提案したことがありました。誠は易の素朴《そぼく》さに苦笑しつつも「僕たちは希望のちっぽけな像をつくるために、いろんな粗悪品に裏切られるけれど、そんな粗悪品から傑作を作るということは素晴らしい」と答えて、一応は受け入れる。しかしこのとき、二人は正反対の視点に立っています。

易はあくまでも目の前にある、失望だらけの世相を前提に、その中でも希望を探す生き方をしたい、と述べている。一方で誠は、自分だけが脳内の論理で組み立てた未来の地平に立ち、そこから見れば、現在あるすべては「粗悪品」にすぎないとする感覚を基にして、それを傑作に仕立てるのも悪くないね、と応じている。

つまり現実を「粗悪品」の集まりへと変えてしまっているのは、実は誠自身の視点の取り方なのです。そうしたポジショニングの下で戦後、誠は見合った事業の実態なしに高利回りをうたう「太陽カンパニイ」を設立し、事実上の金融詐欺へと手を染めてゆきます。

現在の世界には問題が山積みで、それらが「すべて解決した」という触れ込みの未来の青写真を示されると、私たちはつい現状への忌避感や、周囲との相互不信を加速させる。しかし本当はその青写真こそが、探せば見つかるはずの希望の芽を摘《つ》み、目の前の景色をガラクタの山へと見せかけている「真犯人」かもしれません。

たとえば国家さえなければ人は自由に生きられるとするアナーキズムの青写真を掲げ、目下の国家体制を全否定するといった論調も、出版界では二〇一〇年代の後半から流行してきました。しかしそうした書き手が、「国家」による個人の生への統制がかつてないほど強まったコロナ禍での行動制限に抵抗した例は、ほぼ一人も目にしません。

つまりその青写真は、川崎誠のように他人を蔑《さげす》むことで自意識を満たそうとする、歪んだエリート意識の現われにすぎなかった。私たちは脱コロナに向かう動きと軌《き》を一にして、敗戦直後にも等しかった『青の時代』のニヒリズムを今度こそ卒業し、社会としての成熟を目指すときでしょう。

ナイーブな未来構想に基づくエコロジーをはじめとして、「未熟さ」ゆえに人を惹きつけてきた一つの時代精神が、幕を下ろしつつあります。個々のスキャンダルや「炎上案件」を煽り立てるのではなく、次の時代に同じことを繰り返さないために、問題の本質を見抜く自己省察の姿勢こそが、いま求められています。

（週刊新潮　二〇二三年三月二三日号）

あとがき

私のようなものでも、たまに「博覧強記」と形容してくださる方がいるのだが、面映《おもは》ゆいばかりで、まったく自分をそのように思ったことがない。

私も以前に従事した歴史学者という職種には、きわめて狭い本人の趣味から掘り出してきた、さして面白くもない古文書をいかに高く売るかしか考えない山師があまりに多いので、その中では識見ある人に見えたというくらいだろう。なので、さすがにそうした知の底辺よりはましでも、むしろ「浅学菲才《せんがくひさい》」の方が釣りあった肩書だといつも思っている。

だから本書が謳う「古典の尊重」も、百科全書を諳《そら》んじろとか、世界文学全集を読破せよといった意味ではまったくない。私自身、あらかじめ本書で採り上げた古典の数々を読了ずみで、それゆえにコロナウィルス禍やウクライナ戦争の深層を見抜けたといった「教養人」では別にない。むしろ多くは、眼前に問題が生じたあとに読み始めている。

大事なのは、いまという時代に「先んじよう」とすることではない。むしろ人間にとってほんとうに大切なことは、いつの時代もそう変わらなかったはずなので、かつて本気で思考した先人の書物にあたれば、必ずそこに本質が描かれているとする確信——過去に対する信頼《トラスト》と敬意《リスペクト》を持ち続けることが、私たちの社会に「古典」を作る。

本書が提案したいのは、衒学《げんがく》趣味やマウンティングとは無縁の、そうした「ゆるい」意味での古典とともにある生活だ。ひとりでも多くの人が、その人にとっての古典を見出して座右《ざゆう》に置き、日々に繰り出される新たな課題をいったん、それらの書物に照らして一呼吸おいてから考える習慣を持つなら、ニュースショーのトピックごとに呼び出されては消える「にわか有名人」に振り回されてきた令和の世相も、ずいぶんましになると思う。

貧困のために高等小学校までしか通えず、昭和恐慌に遭《あ》い就労にも苦しんだ松本清張は後年、それでも文学書を携えて働きに出たことが、自尊心を支え、生きる張りあいになっていたと回想している（「実感的人生論」一九六二年）。書物には、そうした力があるのだ。だからこの本は、再び訪れるだろう困難な時代を生きるための、「希望の読書論」である。

而立《じりつ》書房の倉田晃宏さんは、加藤典洋さんの最初期の学生で、その意味で本書は、私自身は面識のないまま亡くなられた加藤さんの縁で生まれた書物だ。メインパートを構成する論考は、元は「危機のなかの古典」のタイトルで、研究フェローとしてお世話になっている倫理研究所の紀要に書かせていただいた。同研究所の丸山敏秋理事長、窓口役の原田佳世子さん、そもそもご紹介をくださった先崎彰容さんにも感謝したい。

二〇二三年九月　誰もがウィルスも戦争も忘れたかのような秋に

著者識す

［著者略歴］
與那覇 潤（よなは・じゅん）
評論家。1979年、神奈川県生まれ。
2007年、東京大学大学院総合文化研究科博士課程修了。当時は歴史学者で、専門は日本近現代史。地方公立大学准教授として7年間教鞭をとった後、17年に病気離職。新型コロナウィルス禍での学会の不見識に失望し、21年刊行の『平成史』（文藝春秋）を最後に歴史学者の呼称を放棄した。20年、『心を病んだらいけないの？』（斎藤環との共著、新潮選書）で小林秀雄賞受賞。講義録である『中国化する日本』（文春文庫）、『日本人はなぜ存在するか』（集英社文庫）、時評集『歴史なき時代に』（朝日新書）など著書多数。

危機のいま古典をよむ

2023年11月20日　第1刷発行

著　者　與那覇 潤
発行所　有限会社 而立書房
東京都千代田区神田猿楽町2丁目4番2号
電話 03(3291)5589／FAX 03(3292)8782
URL http://jiritsushobo.co.jp

印刷・製本　中央精版印刷 株式会社

ISBN 978-4-88059-439-2　C0095

ウンベルト・エコ／谷口伊兵衛、G・ピアッザ 訳
2019.5.25 刊
A 5 判上製
224 頁
本体 2400円（税別）

現代「液状化社会」を俯瞰する

ISBN978-4-88059-413-2 C0010

情報にあふれ、迷走状態にある現代社会の諸問題について、国際政治・哲学・通俗文化の面から展覧する。イタリア週刊誌上で 2000 年から 2015 年にかけて連載された名物コラムの精選集。狂気の知者U・エコ最後のメッセージ。

アンソニー・ギデンズ／松尾精文、小幡正敏 訳
1999.11.25 刊
A 5 判上製
460 頁
本体 4000円（税別）

国民国家と暴力

ISBN978-4-88059-264-0 C3036

冷戦が終結したからといって、戦争のない時代を人類は迎えることができたわけではない。必要なのは、政治的暴力にたいする新たな批判理論の構築である。本書は、近現代の政治的暴力の根源を問う好著である。

加藤典洋、小浜逸郎、竹田青嗣、橋爪大三郎ほか
2022.5.25 刊
四六判並製
360 頁
本体 2200円（税別）

村上春樹のタイムカプセル　高野山ライブ 1992

ISBN978-4-88059-434-7 C0095

村上春樹をめぐる、伝説の「ライブ討論会」があった。1992 年 2 月 22 日、場所は厳冬の高野山宿坊。……村上春樹の小説は、この時代の特別な出来事だ。戦後の日本人が、世界の人びとと、同時代を同じ歩幅で歩んだことを証明するものだった。

加藤典洋

対 談　戦後・文学・現在

2017.11.30 刊
四六判並製
384 頁
本体 2300円（税別）

ISBN978-4-88059-402-6 C0095

文芸評論家・加藤典洋の 1999 ～ 2017 年までの対談を精選。現代社会の見取り図を大胆に提示する見田宗介、今は亡き吉本隆明との伯仲する対談、池田清彦、高橋源一郎、吉見俊哉ほか、同時代人との「生きた思考」のやりとりを収録。

福間健二
2020.7.10 刊
四六判上製
184 頁
本体 2000円（税別）

休息のとり方

ISBN978-4-88059-420-0 C0092

詩人・福間健二が、戦前・戦中・戦後という過去の時間に挑みながら、今日とこの先に待つ世界の変化に「耐えうる」という以上の言葉を残そうと願ってまとめたのが、詩集『休息のとり方』である。 59 篇を収録。

鈴木翁二
2017.4.5 刊
A5 判上製
272 頁
本体 2000円（税別）

かたわれワルツ

ISBN978-4-88059-400-2 C0079

作家性を重んじた漫画雑誌「ガロ」で活躍し、安部慎一、古川益三と並び〝三羽烏〟と称された鈴木翁二。浮遊する魂をわしづかみにして紙面に焼き付けたような、奇妙で魅惑的な漫画表現。 加筆再編、圧倒的詩情にあふれる文芸コミック。